Belser Kunstbibliothek

Die Meisterwerke aus der Nationalgalerie Berlin
Staatliche Museen
Preußischer Kulturbesitz

Belser Verlag Stuttgart und Zürich

Verfasser der Texte zu den Abbildungen:

Matthias Eberle	ME
Lucius Grisebach	LG
Dieter Honisch	DH
Peter Krieger	PK
Michael Pauseback	MP
Angela Schneider	AS

Fotos:

Alle Farbtafeln:
Photoatelier Jörg P. Anders, Berlin
Schwarzweißabbildungen
1–3, 5: Archiv Nationalgalerie
4, 6: Reinhard Friedrich, Berlin

Umschlaggestaltung:

Christian Ahlers

Adresse: Belser Verlag,
Falkertstraße 73, D-7000 Stuttgart 1

Gesamtherstellung: Druckhaus Tempelhof, Berlin
Gedruckt auf 120 g/qm h'frei weiß ‚Ikonofix'
der Papierfabrik Zanders, Bergisch-Gladbach
Printed in Germany
ISBN 3-7630-2007-1

Vorwort

„Der Zweck des Museums ist offenbar die Beförderung der Kunst, die Verbreitung des Geschmackes derselben und die Gewährung ihres Genusses. Es sind die großen und sich natürlich zuerst darbietenden Gegenstände, an welche sich das Gefühl zunächst wendet und an denen es sich, frei von aller Gelehrsamkeit und selbst noch von tieferen Studien, prüfen kann." Mit diesen Worten erläutert Wilhelm von Humboldt seinem König die Gründe für die Errichtung eines ersten öffentlichen Museums in Preußen, das in Friedrich Schinkels berühmtestem Bauwerk, dem „Alten Museum", am 3. August 1830 eröffnet wurde. Seither haben sich die ehemals Königlichen, dann Staatlichen Museen Preußens in Berlin, die im Westen dieser Stadt nach dem zweiten Weltkrieg als „Staatliche Museen Preußischer Kulturbesitz" fortleben, zu Sammlungen und Forschungsinstituten von internationalem Rang entwickelt.

Der Organismus der vierzehn Staatlichen Museen und ihrer naturwissenschaftlichen und museumskundlichen Forschungsinstitute war und ist in seiner Art einzigartig in der Welt. Es gibt noch qualitätvollere, noch umfangreichere Sammlungen, aber keinen zweiten Museumskomplex, der von allem Anfang an als „öffentliche, gut gewählte Kunstsammlung" (Friedrich Wilhelm III., 1810) geplant war, nicht allein als fürstliche Gemäldegalerie, Antikensammlung, Ethnographisches Kabinett oder Schatzkammer des Kunstgewerbes. In den Berliner Museen sind Kunst und Kultur der ganzen Welt zu Hause.

Deutlicher als bei allen anderen großen deutschen Museen spiegelt die Geschichte der preußischen Sammlungen in Berlin auch das Schicksal unserer Nation in den letzten anderthalb Jahrhunderten: als Königliche Preußische Museen gegründet, im Kaiserreich, in der Weimarer Republik und bis zum Ende des zweiten Weltkrieges dann „heimliche" Nationalmuseen und nach der Teilung Deutschlands Neubeginn und Wiederaufbau in der Verantwortung der Stiftung Preußischer Kulturbesitz, getragen vom Bund, Berlin und allen übrigen deutschen Ländern im Westen, als Staatsinstitute der DDR im Osten der ehemaligen Hauptstadt.

Lange vor 1830 hatten die Gründer das planmäßige Sammeln mit dem Grundsatz begonnen, außer den künstlerischen auch wissenschaftlich-historische und pädagogische Ziele zu verfolgen. Meisterwerke aus der Kunst- und Kulturgeschichte der Welt sollten als Vorbilder für Menschenbildung im Geist des Humanismus allen Bürgern zugänglich und in den Sammlungsverzeichnissen dokumentiert und publiziert werden. Forschung und Lehre waren gefordert. In den hundertfünfzig Jahren lebhafter und wechselvoller Geschichte seit der Gründung des ersten „öffentlichen Museums" in Preußen haben diese Vorsätze nicht an Aktualität verloren. Deshalb gilt es für die Staatlichen Museen, gerade im Jubiläumsjahr, Rechenschaft abzulegen und Tradition als Aufgabe auszuweisen. In Form dieser Buchreihe soll eine weitere Selbstdarstellung der Museen an die Öffentlichkeit gelangen. Der vorliegende Band ist Teil davon, das Museum, welches sich vorstellt, ein in sich selbständiges Glied der Staatlichen Museen Preußischer Kulturbesitz.

Stephan Waetzoldt
Generaldirektor der
Staatlichen Museen
Preußischer Kulturbesitz

Einführung

Der Name Nationalgalerie mag heute vielen nicht mehr zeitgemäß erscheinen. Er reicht jedoch weit in das 19. Jahrhundert zurück und ist entstanden aus dem Wunsch nach einem einheitlichen und überregionalen Kulturbegriff. Die Vorstellung einer nationalen Kultur wurzelt in Gedanken der Romantik und die Errichtung eines ihr gewidmeten zeitgenössischen Museum geht auf die Forderung Düsseldorfer Künstler nach einer solchen nationalen und die künstlerischen Bestrebungen zusammenfassenden Einrichtung zurück, erhoben 1848, realisiert schließlich 1861 durch das Legat des Berliner Kaufmanns und Königlich Schwedischen Konsuls Joachim Heinrich Wilhelm Wagener an den Preußischen König. Es umfaßte 262 Werke deutscher Künstler, aber auch Künstler anderer europäischer Länder, neben vielen kleinmeisterlichen Werken bereits solche von Karl Friedrich Schinkel und Caspar David Friedrich. So war der Ausgangspunkt der Berliner Sammlung nicht eigentlich eine königliche oder fürstliche Schenkung, sondern die Eigeninitiative der Künstler und privates Engagement zugleich. Diese Momente bestimmen die wechselvolle Geschichte des Hauses bis heute.
1866 wurde auf der Museumsinsel, inmitten eines großangelegten Kulturforums, das letztlich noch auf Schinkel zurückgehende Gebäude nach Plänen von August Stüler vom Hofbaumeister August Strack errichtet und nach Verzögerungen durch den Deutsch-Französischen Krieg im Jahr 1876 beendet. Das auf hohem Sockel stehende und an einen griechischen Tempel erinnernde Gebäude war eher als eine Ruhmeshalle deutscher Kunst zu verstehen, als ein wirklich zeitgenössisches Museum. Die Räume waren zu hoch, die Lichtführung nicht ausreichend, so daß die späteren Direktoren im Interesse der rasch wachsenden Sammlung versuchen mußten, bessere Bedingungen zu schaffen. Die den Giebel zierende Inschrift „Der deutschen Kunst“ war eine schwere und von den Museumsdirektoren zum Teil nur widerstrebend eingelöste Verpflichtung. Alle Ankäufe wurden zunächst dem Votum der für künstlerische Belange des Landes Preußen eingesetzten Landes-Kunst-Kommission unterworfen, die vor allem nationale oder gar regionale Gesichtspunkte ins Feld führte.
Der erste wissenschaftliche Direktor Max Jordan (1876–1896) vermochte diese einschränkenden Kräfte nur in sehr geringem Umfang zurückzudrängen. Er baute jedoch einen wissenschaftlichen Apparat und die nötige Handbibliothek auf, sorgte für einen Reiseetat und machte große Anstrengungen, die Sammlung nicht nur systematisch auszubauen, sondern auch wissenschaftlich zu erfassen. Obwohl er das Fehlen ausländischer Kunsterzeugnisse beklagte, gelang es ihm jedoch damals noch nicht, die Gesichtspunkte vaterländischer Repräsentation, kunsthistorischer und kulturgeschichtlicher Bedeutung sauber voneinander zu trennen.
Nach seinem Ausscheiden wurde Hugo von Tschudi (1896–1909), der langjährige Mitarbeiter Wilhelm von Bodes, zum Direktor der nun den Königlichen Museen unterstellten Nationalgalerie berufen. Der aus guter Schweizer Familie stammende, weltläufige Gelehrte war damals ein ganz unbeschriebenes Blatt. So bedeutende Museumsleute wie Alfred Lichtwark in Hamburg äußerten sich zurückhaltend und skeptisch. Aber von Tschudi schlug ganz unerwartete und kühne Wege ein, die zu geradezu dramatischen Reaktionen führten. Vorbereitet durch die Gedanken des Marées-Fiedler-Kreises in Rom, in dem er verkehrte, und angeregt durch Max Liebermann erkannte er sehr früh schon die europäische Bedeutung der Impressionisten und ließ sich, da der Einsatz staatlicher Mittel nicht möglich war, von meist jüdischen Bankiers Werke von Manet, Monet,

1. Die Nationalgalerie auf der Museumsinsel

Renoir und Cézanne schenken. So hielt diese Avantgardekunst des „Erbfeindes" Frankreich, bevor sie noch französische Museen erreichte, Einzug in die deutsche Nationalgalerie. Der Sturm der Entrüstung brach los. Eine königliche Kabinettsorder machte alle Erwerbungen, auch Schenkungen, genehmigungspflichtig, eine Maßnahme, welche die Nationalgalerie 20 Jahre lang stark behinderte. Trotzdem ließ sich Tschudi keineswegs beirren. In den 13 Jahren, die er bis zu seiner früh von den Gegenkräften erzwungenen Resignation tätig sein konnte, machte er aus einer Ansammlung vaterländischer Bilder und Plastiken eine wahrhaft nationale Sammlung von europäischem Format. Er setzte auch heute noch gültige Maßstäbe.

Sein Nachfolger Ludwig Justi (1909 bis 1933) leitete nach diesen Konflikten zunächst eine notwendige Verwaltungsreform ein, löste die Sammlung aus dem Verband der Museen, bildete die Ankaufskommission um, wodurch er das Mißfallen Liebermanns erregte, und trennte schließlich die alte Sammlung, die im Stammgebäude verblieb, von den neuen Beständen, die er 1919 im Kronprinzenpalais, Unter den Linden, unterbrachte und, zusammen mit Ausstellungen und didaktischen Maßnahmen, zur führenden modernen Kunstsammlung Europas entwickelte. So wie von Tschudi sich dem Impressionismus, Marées und Böcklin zugewandt hatte, so fanden unter Justi die Expressionisten, Munch und van Gogh Eingang in die Sammlung. Mit wachsendem Erfolg verstärkte sich aber auch der Widerstand. Die bürgerliche Kunstkritik der späten 20er Jahre geht schließlich in wütende Kampagnen gegen das Kronprinzenpalais und die moderne Kunst über und führt schließlich unter den Nationalsozialisten zur Amtsenthebung Justis.

Die Aktion „Entartete Kunst", der sich Justis Nachfolger Eberhard Hanfstaengl

2. Das Kronprinzenpalais Unter den Linden

(1933–1937) vergeblich entgegenstemmte, vernichtete das kühne und weitschauende Lebenswerk Justis. 435 Werke wurden beschlagnahmt und verschleudert und sind heute in alle Welt zerstreut, zum Teil auch verschollen, wie der berühmte „Turm der blauen Pferde“ von Franz Marc.

1939 wurden die verschiedenen Häuser der Nationalgalerie geschlossen, die Werke unter der Aufsicht von Paul Ortwin Rave, der später, von 1945–1950, das Amt des Direktors bekleidete, ausgelagert und schließlich in die Kunstlager Wiesbaden und Celle verbracht, von wo sie erst zwischen 1953 und 1957 nach Berlin zurückkehrten. Allerdings war die Nationalgalerie bereits 1948 in eine westliche und eine östliche Verwaltung auseinandergerissen worden.

Während des Exils hatte zunächst noch der Magistrat von Groß-Berlin 1945 unter Adolf Jannasch in Erinnerung an das Kronprinzenpalais die Galerie des 20. Jahrhunderts gegründet, eine schnell sich entwickelnde und 1954 in der Jebensstraße an die Öffentlichkeit tretende Sammlung, die an die Tradition der Nationalgalerie anzuknüpfen versuchte.

Der 1957 nach Berlin berufene Leopold Reidemeister, Generaldirektor der im Westen verbliebenen Staatlichen Museen und gleichzeitig Direktor der zurückgekehrten Nationalgalerie, machte die Sammlung 1959 in der Großen Orangerie des Charlottenburger Schlosses wieder der Öffentlichkeit zugänglich. Auch er versuchte, die durch Krieg und Nationalsozialisten entstandenen Lücken durch aktuelle Erwerbungen zu schließen, ein Unternehmen, das nur durch Konzentration aller Kräfte erfolgreich sein konnte.

Es war kulturpolitisch klug, die beiden Sammlungen in einem notwendig gewordenen Neubau zu vereinen. Schöpfer dieses neuen Gebäudes, das von 1965 bis 1968 am Tiergarten entstand, war der

3. Die Neue Nationalgalerie am Tiergarten

4. Aus der Ausstellung: New York in Europa. Amerikanische Kunst aus europäischen Sammlungen. 1976. Im Hintergrund Morris Louis, vorn Tony Smith

5. Aus der Ausstellung: Kenneth Snelson. 1977

6. Aus der Ausstellung: Panamarenko. 1978

letzte Direktor des 1933 in Berlin geschlossenen Bauhauses, Ludwig Mies van der Rohe.
Werner Haftmann (1967–1974) war es dann, der die beiden Sammlungsteile behutsam miteinander verband und das Haus durch die Macht des Wortes und der Tat wieder in das internationale Bewußtsein hob.
Unsere Aufgabe ist es heute, die Sammlung entschieden in die Gegenwart hineinzuführen, die neuen Komplexe durch ganz gezielte Erwerbungen der klassischen Moderne mit dem älteren Bestand zu verbinden und die in ihrer Geschichte so wirksam gewordene private Initiative wieder zu beleben. Der 1929 noch von Ludwig Justi begründete und 1937 von den Nationalsozialisten stillgelegte Verein der Freunde der Nationalgalerie konnte 1977 wiedergegründet werden. Er hat inzwischen nicht nur sein 50. Jubiläum feiern können, sondern zählt 300 Mitglieder und hat seinen Namen durch einige wichtige Erwerbungen dauerhaft mit der Nationalgalerie verbunden.
300000 Menschen besuchen jährlich das Haus, die Sammlung sowohl als auch die Sonderveranstaltungen, die nicht nur Ausstellungen, sondern auch Konzerte, Theateraufführungen, Führungen und festliche Veranstaltungen umfassen.
Möge dieser kleine Führer dazu dienen, einen Weg zu 53 wichtigen Werken zu weisen, das Verständnis leichter zu machen und die Erinnerung wachzuhalten, vielleicht auch zu einem neuerlichen Besuch anzuregen. Mein Dank gilt allen meinen Kolleginnen und Kollegen, die sich an der Abfassung der Bildlegenden beteiligt haben.

Dieter Honisch

Farbtafeln

1 Gottlieb Schick (1776–1812):

Porträt der Heinrike Dannecker (1773–1823), 1802.
Öl auf Leinwand, 119 × 100 cm.

Das monumentale Bildnis der frei in der Landschaft sitzenden Heinrike Dannecker entstand 1802 in Stuttgart. Offen und freimütig dem Betrachter ihr Gesicht zuwendend, ragt die mit übergeschlagenem Bein leicht vorgeneigt Sitzende über dem fernen Flußtal auf. Der Dreiklang der modischen Kleidung in Rot, Weiß und Blau dürfte wohl nicht zufällig die Farben der Trikolore beschwören. Von dem dunklen Blau des Kleides heben sich die frischen Töne des Blumenstraußes aus Glockenblumen, Rose, Hahnenfuß und Klee ab. Heinrike Dannecker, geb. Rapp, war die erste Frau des Bildhauers J. H. Dannecker, des Lehrers und Freundes von Schick. Von Dannecker lernte Schick die großzügige plastische Formgebung, aber auch die gerade in diesem Porträt so ansprechende Natürlichkeit des Ausdrucks. Danneckers Stuttgarter Haus am Schloßplatz, die „Danneckerei" mit ihrer Sammlung von Abgüssen nach Antiken, war in jener Zeit Treffpunkt der Kunstfreunde. Die Haltung der Frau mit aufgestütztem Arm, zum Kinn geführter Hand und übereinandergeschlagenen Beinen läßt sich über Skulpturen Danneckers bis in die Antike zurückverfolgen und findet sich ähnlich bei antiken Plastiken und Grabreliefs. Doch nicht nur darin bekundet Schick seine Verbundenheit mit der Antike, die für die Epoche des Klassizismus, der das Bild angehört, Vorbild und höchster Maßstab war. Die bei Porträts so seltene Wiedergabe der ganzen Figur im Profil mit dem in energischer Drehung herausgewendeten Kopf gibt der Heinrike Dannecker durch den scharfgezogenen, aber elegant bewegten Umriß etwas Reliefartiges. Auch sitzt sie auf einer Steinbank, die an antike Architekturfragmente denken läßt. Nicht zuletzt die drei Jahre im Pariser Atelier des berühmten klassizistischen Malers Jacques-Louis David bereiteten Schick vor für eine so glanzvolle Leistung, die den 26jährigen mit einem Schlag in die vorderste Reihe der deutschen Porträtisten rückte. PK

2 Friedrich Overbeck (1789–1869)

Der Maler Franz Pforr, um 1810/12.
Öl auf Leinwand, 62×47 cm.

1808 gründeten einige junge Künstler in Wien den „Lukasbund“. In romantischer Gemeinschaft erstrebten sie eine Erneuerung der Kunst und ihrer religiösen Inhalte nach mittelalterlichem Vorbild. 1810 zogen sie gemeinsam nach Rom und richteten sich in einem leerstehenden Kloster ein. Wegen ihrer langen Haare gab man ihnen in Rom den Spitznamen „Nazarener“. Friedrich Overbeck, der Maler dieses Bildes, und Franz Pforr, der Dargestellte, waren die beiden führenden Künstler dieser Gruppe, die auch die gedanklichen Grundlagen ihrer Arbeit formulierten. Das Bild, das der eine vom anderen gemalt hat, ist ein beispielhaftes Werk ihrer nazarenischen Malerei.
Overbeck und Pforr standen in ständigem engem Gedankenaustausch. Ihre Rolle in der gegenwärtigen Kunst und ihr Verhältnis zur Kunst der Vergangenheit formulierten sie in verschiedenen Bildern. Pforr gab ihren gemeinsamen Überlegungen in einer Erzählung auch dichterische Form. Sie sahen sich als die Erneuerer der beiden bestimmenden Kunsttraditionen, Overbeck der italienischen und Pforr der altdeutschen. Als Verkörperung dieser Traditionen erdachten sie zwei Frauengestalten, „die idealen Bräute“ der Künstler, eine dunkelhaarige Italia oder Sulamith für die italienische und eine blonde Germania oder Maria für die deutsche. Vor dem Hintergrund dieser „Mythologie“ hat Overbeck seinen Freund Pforr gemalt. Der Bildtypus, das Halbfigurenbildnis in einer Rundbogenöffnung mit Brüstung, ist ein Typus des 15. Jahrhunderts aus den Niederlanden und Italien. Die Tracht, in der Pforr dargestellt ist, ist der sogenannte „Deutsche Rock“, eine Schöpfung der Nazarener, die altdeutsche Vorbilder aufnahm. In einer gotischen Stube ist hinter Pforr die ideale Häuslichkeit dargestellt, die Overbeck seinem Freunde wünschte: eine sanftmütige, junge, blonde Frau, strickend und in einem frommen Buch lesend, die schon in ihrer Haltung an eine Maria aus einer Verkündigungsdarstellung erinnert. Als Maria wird sie auch hier durch das mittelalterliche Mariensymbol der weißen Lilie identifiziert. Die Schilderung privater Häuslichkeit ist in einen religiös-historischen Zusammenhang eingebettet. Im Sinne der harmonischen Häuslichkeit ist auch die Katze vorn auf der Brüstung zu verstehen, die sich an Pforrs Arm schmiegt. Der Ausblick im Hintergrund auf eine altdeutsche Stadt mit gotischer Kirche und eine Landschaft im Stil der altdeutschen Malerei ist Ausdruck der deutschen Tradition von Pforrs Kunst.

LG

3 Josef Anton Koch (1768–1839)

Wasserfälle bei Subiaco, 1813.
Öl auf Leinwand, 58×68 cm.

J. A. Koch, Sohn eines Tiroler Bauern, erhielt durch Förderer die Möglichkeit, an der renommierten Karlsschule in Stuttgart zu studieren. Wenige Jahre vor ihm hatte hier Friedrich Schiller seine *Räuber* geschrieben und war bald darauf dem strengen Regiment entflohen. Auch den jungen Koch konnte die Schule nicht halten. Er floh zunächst nach Frankreich, wo er sich den Jakobinern anschloß. Bald mißfiel ihm aber deren Treiben und er wanderte über die Schweiz nach Italien. Seit 1795 lebte er in Rom.

Rom war ihm nicht nur die große „Kunstbibliothek“, an der er sich schulen konnte, Rom erinnerte ihn wie viele deutsche Künstler der Zeit an die eindrucksvolle Vergangenheit der Antike, Roms Umgebung an die Welt vor dem Sündenfall der Zivilisation. Koch wanderte viel in den nahen Bergen um Subiaco und legte sich ein ganzes Skizzenbuch von Zeichnungen an, „worunter manche sind, welche, besonders wenn ich noch ein wenig nachhelfe, wie Kompositionen aussehen, besonders, wenn ich noch etwelche Geschichten hineinmische“. Diese Verbindung von Natur und Historie im Landschaftsbild entwickelte Koch zu einer Spezialität, die ihn zum Begründer der sogenannten „heroischen“ oder „historischen“ Landschaft im 19. Jahrhundert werden ließ.

1812 übersiedelte Koch auf der Flucht vor den Franzosen nach Wien. Dort entstand unser Bild. Es zeigt mehr, als das Auge mit einem Blick erfassen kann. Jede Einzelheit, auch der Hintergrund, ist genau gezeichnet. Dadurch wird der Blick in das Bild hineingezogen. Der Maler lädt den Betrachter zu einer Wanderung durch eine ideale Natur ein, die seinem Gefühl die Ahnung von Freiheit, seinem Verstand das Bild einer ganzen, vollkommenen Natur geben soll.

Die Landschaft ist in Gattungen aufgebaut: Aus dem Tal im Vordergrund entwickelt sich das Hügelland, aus diesem wächst das Gebirge. Jede dieser drei Zonen steht für eine typische italienische Landschaft mit individuell genau beobachtbaren Einzelheiten, und darüber hinaus ein Bild der großen Natur. Diese Natur ist eng mit dem menschlichen Leben verbunden: Jede Zone zeigt nicht nur die ihr entsprechende Vegetation, ihr ist auch die ursprüngliche, charakteristische Form menschlicher Tätigkeit zugeordnet. Im Tal die Landleute, die Früchte anbauen und sammeln, im Hügelland die Hirten, auf den Höhen die Jäger. Diese Natur ist bis zur äußersten Grenze bewohnt, wie die Rauchsäulen am Berg zeigen, von einfachen, tätigen Leuten, deren Lebensformen sich seit Jahrhunderten nicht verändert haben.

Koch wollte mit seinen Bildern den Betrachter zu Ideen anregen, ihn in „andere Zeiten, in Welten der Einbildungskraft versetzen“, ihm eine Natur zeigen, die mit dem Menschen eine zeitlose, harmonische Verbindung eingegangen ist. Nach einer solchen Idee vom idealen Leben in Einfachheit und Freiheit, nach dem viele Zeitgenossen sich sehnten, komponierte er die italienischen Skizzen im Wiener Atelier zu unserem Bild.

ME

4 Caspar David Friedrich (1774–1840)

Der einsame Baum (Dorflandschaft bei Morgenbeleuchtung), 1822.
Öl auf Leinwand, 55 × 71 cm.

In diesen beiden Bildern, die 1822 für den Berliner Sammler Konsul Wagener gemalt wurden, demonstrierte Friedrich zwei unterschiedliche Verhaltensweisen gegenüber der Natur. Unzufrieden mit den herkömmlichen Formen der Landschaftsmalerei – Kochs historische Landschaften waren ihm ein Greuel –, wies er immer wieder darauf hin, die rechte Form der Naturanschauung solle sich an dem entwickeln, was der „älteste aller Meister für jedermann" aufgestellt habe.
Friedrich suchte also nach Zeichen in der Natur, die deren göttlichen Charakter enthüllen und dem Menschen Fingerzeig für seine Orientierung und eigentliche, letzte Bestimmung sein könnten. Dies erklärt sich nicht nur aus seiner eigenen, tief religiösen Erziehung, sondern auch daraus, daß Natur in den erstarrten politischen Verhältnissen der Zeit französischer Besatzung und anschließender Restauration als Medium der Offenbarung und Garant der Zukunft verstanden wurde.
Das erste Bild zeigt eine spärlich besiedelte, weite Ebene, die im Hintergrund über das Gebirge zum Himmel sich erhebt. Im Vordergrund ein kleiner Weiher, an dessen Ufer sich eine uralte, riesige Eiche erhebt. Ein Schäfer lehnt am Stamm und verkörpert mit seiner Herde wohl das ursprüngliche, eng mit der Natur verbundene Leben der Menschen in der Vorzeit. Weiter hinten zeigen sich die ersten Siedlungsformen; ein Dorf, um ein altes, im Wald stehendes, verfallenes Kloster gelegt, könnte das Mittelalter bezeichnen. Noch weiter hinten, in einem tiefer gelegenen Tal versteckt, liegt die Stadt. Über allem erhebt sich das Gebirge, dessen Gipfel mit den Wolken verfließen. In der Auffassung vieler Zeitgenossen (Kant, Schiller) waren Gebirge und Meeresstrand Orte, an denen der Mensch, sich seiner Kleinheit und Schwäche bewußt, ins Reich der Ideen, also in die Reflexion seiner Zukunft und Bestimmung gezwungen wurde.
Nimmt man nun die Eiche als Symbol für den Menschen oder die ganze deutsche Nation, dann grünte sie in der Vorzeit, dann bot sie damals als Zeichen Halt und Orientierung. Ebenso das von ihr beschützte – und von vielen anderen Künstlern gemalte – Leben der Vorzeit. Dort wo der Baum aber seinen vom Blitz getroffenen Wipfel über die Berge, in den Himmel, die Zukunft erhebt, zeigt er deutlich, daß sich seine frühere Eignung als Wegweiser und Orientierungszeichen nicht mehr bewährt. ME

5 Caspar David Friedrich (1774–1840)

Mondaufgang am Meer, 1822.
Öl auf Leinwand, 55×71 cm.

Im zweiten Bild schlägt Friedrich daher eine andere Lösung, einen anderen Weg vor. Auf einsamem Strand sitzen zwei Frauen und ein Mann, in die Betrachtung des aufgehenden Mondes vertieft. Der Mond ist das andere Licht, das nach dem Tage zu leuchten beginnt. Friedrich selbst bemerkte einmal scherzhaft, seine Seele käme nach dem Tode sicherlich auf den Mond. Vom Meer, das der Mond bescheint, streben zwei Schiffe zum Ufer, direkt auf die Figuren zuhaltend. Schiffe sind seit altersher Symbole des Menschen, der, den Stürmen des Lebens ausgesetzt, einen Hafen sucht. Dieser liegt hier wohl in den Figuren selbst, die in diesem Zeichen einen Hinweis erhalten, woher sie die Botschaft beziehen sollen, die sie über ihre momentane, der Erde verhafteten Existenz erhebt: aus der Reflexion ihres Standorts, der hier öde und feindlich ist, mit den Erscheinungen der Natur, die über diesen hinausweisen. Gefunden werden kann die Lösung eben nur in dieser subjektiven, innerlichen Reflexion der Natur, nicht in gegebenen und tradierten Symbolen.

Daß diese Reflexion nicht nur religiöse, sondern auch politische Inhalte haben dürfte, darauf verweist die altdeutsche Tracht des Mannes. Eine Tracht, die damals von den oppositionellen Kreisen der sogenannten „Demagogen“ getragen wurde, die unter den bestehenden Verhältnissen besonders zu leiden hatten, da sich ihre Hoffnungen auf ein nationales, liberales und demokratisches Deutschland nach den Freiheitskriegen nicht erfüllt hatten.

ME

6 Karl Friedrich Schinkel (1781–1841)

Spreeufer bei Stralau, 1817.
Öl auf Leinwand, 36×44,5 cm.

Karl Friedrich Schinkel, der berühmte preußische Architekt des Klassizismus, war von universaler Begabung. Auch als Maler zählte er zu den bedeutendsten Künstlern der deutschen Romantik. Die Nationalgalerie, die bis zum letzten Krieg das Schinkel-Museum mit dem Nachlaß des Künstlers betreute, besitzt heute die Mehrzahl seiner noch erhaltenen Ölbilder.

Schinkels Malerei steht unter dem bestimmenden Einfluß von Caspar David Friedrich. Sein Thema ist, wie bei Friedrich, die Landschaft, in der sich Empfindungen und Gedanken des Menschen ausdrücken. Anders als bei Friedrich erscheint bei Schinkel in der Landschaft immer auch die Architektur, die die gleiche Sprache spricht wie die Landschaft. Eine seiner Architekturlandschaften, die Darstellung einer gotischen Kirche im Walde, versah Schinkel mit der Unterschrift: „Versuch, die liebliche, sehnsuchtsvolle Wehmut auszudrücken, welche das Herz beim Klange des Gottesdienstes, aus der Kirche herschallend, erfüllt".

Spreeufer bei Stralau ist eine märkische Seenlandschaft mit Staffagefiguren, der Schinkel die Erhabenheit eines klassischen mittelmeerischen Motivs verliehen hat. Die beiden Waldhornbläser in einem Boot, gesehen durch einen klassizistischen Brückenbogen, wirken wie eine Szene aus der Blauen Grotte von Capri. Anders als es der Titel vermuten läßt, ist dies keine wirklichkeitsgetreue Schilderung einer Spreeansicht bei Stralau, sondern eine Mischung aus vorhandenen und erdachten Motiven. Im fernen Hintergrund erkennt man die Silhouette Berlins, so wie es wirklich aussah mit den Türmen des Französischen und des Deutschen Domes sowie des Schauspielhauses am Gendarmenmarkt. Die Architekturen rechts im Mittelgrund hingegen und die silhouettenhaft vor dem Abendhimmel stehenden Bäume sind frei erfunden. Die übergreifende Rahmung der Szene durch den Brückenbogen ist ein gestalterisches Motiv zur Überhöhung der Szene.

In einer früheren Fassung desselben Motivs, die im letzten Krieg verloren ging, erschien der gleiche Ausblick mit einem anderen Vordergrund. Das Boot war anders, und die Rolle des Brückenbogens hatte ein mit Weinranken überwachsener Laubenbogen.

LG

7 Eduard Gaertner (1801–1877)

Parochialstraße (ehem. Reetzengasse), 1831.
Öl auf Leinwand, 39 × 29 cm.

Die Parochialstraße in Berlin war eine jener typischen Altstadtstraßen in unmittelbarer Nähe des Schlüterschen Stadtschlosses, von denen heute kein Stein mehr vorhanden ist. Sie existieren höchstens noch dem Namen nach und in den Bildern, die Eduard Gaertner zwischen 1830 und 1870 schuf. Gaertner war ein Spezialist der Architekturmalerei, die es als selbständige Gattung der Malerei schon seit dem 17. Jahrhundert gibt. Im 19. Jahrhundert, in der Epoche, die man heute als Biedermeier bezeichnet, gab es in den meisten europäischen Städten Künstler, die ausschließlich daran arbeiteten, das architektonische Gesicht ihrer Stadt zu porträtieren. Für Berlin hatte diese Rolle Eduard Gaertner. Sein Erfolg führte ihn vorübergehend auch nach Moskau und St. Petersburg. Auch wenn Gaertner in seinen Bildern die repräsentativen Bauten und Straßen Berlins bevorzugte (vgl. etwa in der Nationalgalerie *Die Neue Wache*, 1833, *Unter den Linden*, 1853), malte er niemals „Bildnisse" einzelner Bauwerke, sondern Straßenbilder aus der Sicht eines Passanten. In den Bildern der Altstadtstraßen (vgl. neben der *Parochialstraße* auch die *Klosterstraße*, 1830, und die *Brüderstraße*, 1863) sind repräsentative Großbauten höchstens im Hintergrund zu erkennen, so wie hier weit hinten im Dunst der Turm der Nikolaikirche, Berlins ältester Kirche. Die Straße selbst besteht aus vielen schmalen, drei- und vierstöckigen Häusern, zumeist wohl aus dem 18. Jahrhundert, ohne besondere Prunkentfaltung, durchschnittlichen bürgerlichen Stadthäusern dieser Zeit. Die Menschen in dieser Straße gehen ihrer alltäglichen Beschäftigung nach. Sie sind klein und durch nichts Besonderes hervorgehoben, die normale Staffage eines Straßenbildes. Ein wesentlicher Charakterzug des Bildes liegt darin, daß diese Malerei keine Rangunterschiede macht zwischen den verschiedenen Bestandteilen des Bildes. Mit einer gewissen Nüchternheit, die man heute gern als „fotografisch" bezeichnet, wird alles gleichermaßen aufmerksam erfaßt und dargestellt, das Straßenpflaster und das Wasser im Rinnstein genauso wie die Menschen oder die Lichtflecken auf den Häuserwänden. Das Thema des Bildes ist diese Straße als ein räumliches und lebendiges Ganzes, als ein abgeschlossener Bereich, der Sicherheit und Geborgenheit vermittelt, wie ein kleines Dorf, mit einer eigenen Atmosphäre, einer eigenen Individualität. LG

8 Karl Blechen (1798–1840)

Das Innere des Palmenhauses, 1832.
Öl auf Papier, auf Leinwand aufgezogen, 64×56 cm.

Der Berliner Maler Karl Blechen – eine der markantesten deutschen Begabungen im 19. Jahrhundert – ist noch immer nicht ganz dem wahren Rang seiner Bedeutung gemäß erkannt und im Zusammenhang der europäischen Malerei gewürdigt worden. Grund dafür ist sicherlich auch die Tatsache, daß seine Werke an wenigen Plätzen konzentriert blieben und kaum außerhalb Berlins gezeigt worden sind. Blechens Kunst verdeutlicht in seltener Klarheit den Übergang von ausklingender Romantik zu einer neuen, die Phänomene von Licht und Farbe einbeziehenden Objektivität. Richtungweisend für ihn, der erst spät zur Malerei fand, dürfte eine Begegnung mit dem norwegischen Landschaftsmaler Johan Christian Clausen Dahl in Dresden gewesen sein. Vermutlich traf er dort auch Dahls Freund Caspar David Friedrich. Das entscheidende Ereignis in Blechens Leben wurde seine große Italienreise, die ihn 1828/29 von den Alpen bis nach Capri und Paestum führte. Was ihn in Italien faszinierte, waren nicht Archäologie und Geschichte, sondern das Natur und Monumente überflutende strahlende Licht. Aus der Fülle im Süden entstandener Skizzen und Aquarelle – fast tausend insgesamt – komponierte er, nach Berlin zurückgekehrt, größere Bilder, die jedoch nicht immer jene Spontaneität und Frische der ersten Entwürfe bewahren konnten. Blechens freier, von Konventionen unbeschwerter Blick auf Italien blieb dem Berliner Publikum fremd. Der für ihn wichtigste Auftrag kam 1832 von König Friedrich Wilhelm III., der zwei Ansichten des neuen Palmenhauses auf der Pfaueninsel als Geschenk für seine Tochter Charlotte, Zarin von Rußland, bestellte. Schinkel hatte das Gewächshaus 1830 für eine Sammlung von Palmen errichtet, die der König in Paris erworben hatte. Wegen der Verwendung birmanischer Architekturfragmente gab Schinkel der gußeisernen Konstruktion ein indisches Gepräge. Blechen unterstrich diesen exotischen Aspekt, indem er lagernde Odalisken hinzufügte. Das durch das hohe Glasdach fallende Sonnenlicht erfüllt den Raum und erzeugt ein reich abgestuftes Spiel vielfältiger Grüntöne. Das Palmenhaus fiel 1880 einem Brand zum Opfer.

PK

9 Karl Spitzweg (1808–1885)

Der arme Poet, 1839.
Öl auf Leinwand, 35×44 cm.

Karl Spitzwegs Bild vom *Armen Poeten* ist eines der populärsten Bilder in der deutschen Malerei des 19. Jahrhunderts. Es ist das erste Gemälde Spitzwegs, das er nacheinander in zwei so gut wie identischen Fassungen malte. Die erste Fassung von 1837 hängt heute in der Neuen Pinakothek in München. Das Exemplar der Nationalgalerie ist das zweite, das 1839 gemalt wurde. Als Spitzweg die erste der beiden Fassungen 1839 im Münchener Kunstverein ausstellte, erlebte er nichts als Ablehnung.

Spitzwegs Poet liegt in einer ärmlichen Dachkammer auf einem Matratzenlager auf nacktem Fußboden. Ein zerschlissener Morgenrock, eine Nachtmütze und eine alte Wolldecke halten ihn warm. Ein aufgespannter Schirm schützt ihn gegen das undichte Dach. Das Lager ist umstellt mit Büchern. Rock, Stiefel und Spazierstock hängen und stehen in der Nähe des Kachelofens. So lebt der Dichter abgeschirmt in seiner Kammer, während das sonnige Winterwetter ausgesperrt bleibt und nur durch das kleine Fenster zu erkennen ist. Den Federkiel zwischen die Zähne geklemmt ist der Poet gerade dabei, sich mit der rechten Hand den Rhythmus eines Verses zu schlagen, den er anscheinend gerade aufgeschrieben hat. Zur Stützung seiner Bemühungen hat er sich das Versmaß eines klassischen griechischen Hexameters auf die Wand geschrieben. Alle dichterischen Versuche haben aber anscheinend bisher nicht weit geführt, denn die Produkte dieser Kunst dienen nur dazu, den Ofen zu heizen. Die Papierbündel vor dem Kachelofen tragen die lateinische Beschriftung „opera meorum fasc. III" bzw. „IV", zu deutsch „Band 3" (bzw. Band 4) meiner eigenen Werke". Die Bände 1 und 2 scheinen schon verheizt worden zu sein.

Mit dieser niederschmetternden Darstellung eines Dichters, der sich vor der Wirklichkeit zurückgezogen hat und sein Heil allein in der Weiterführung klassisch akademischer Dichtkunst sieht, hat Spitzweg eine Satire auf die Überschätzung der Dichtung in seiner Zeit gemalt. Die dreißiger Jahre des 19. Jahrhunderts lebten noch von der großen Zeit der deutschen Klassik Goethes und Schillers, in der die Literatur zur führenden Kunst in Deutschland geworden war. Doch war Klassik Goethes und Schillers, in der die Literatur zur führenden Kunst in dieses Epigonentum, das sich mit seinen klassischen Vorbildern vor der Wirklichkeit zurückzieht, hat Spitzweg in diesem Bild aufs Korn genommen. LG

10 John Constable (1776–1837)

Das Haus des Admirals in Hampstead, gen. „The Grove“, 1821–1822.
Öl auf Leinwand, 60 × 50 cm.

Zu Beginn des 19. Jahrhunderts war Hampstead ein Dorf in der Nähe von London, in dem weniger Künstler als vielmehr Bauern, Handwerker und Bürger lebten. Constable hatte hier 1821 ein Haus bezogen. In den folgenden Jahren entstanden neben vier großen Gemälden, deren bekanntestes, der *Heuwagen*, 1824 auf der Pariser Salonausstellung großes Aufsehen erregte, eine Reihe von Ansichten von Hampstead. Das Motiv des Hauses des Admirals begegnet uns in drei Versionen, wobei eine heute im Victoria & Albert Museum in London befindliche Ölskizze möglicherweise eine Studie zu diesem Bild darstellt. Wie J. Baskett bewiesen hat, entspricht diese Ansicht dem Blick aus dem oberen Stockwerk von Constables Haus in Lower Terrace 2. Wir sehen in entsprechender Aufsicht auf einen Weg, einige zufällige Passanten, auf die vom Wind bewegten Bäume und das hinter zwei kleineren Häusern gelegene quaderförmige Haus des Admirals, das damals noch „The Grove“ hieß. Es war für Admiral Matthew Burton (1715–1795) gebaut worden. Das Dach hatte er zu einem Achterdeck umgestaltet, von dem aus er bei passenden Gelegenheiten zwei Kanonenschüsse abzufeuern pflegte. Ein kleiner Wald und ein bewölkter, regenträchtiger Himmel schließen das Bild ab. Der von Constable gewählte Ausschnitt vermittelt trotz seiner klaren innerbildlichen Komposition, die insbesondere durch die betonten Vertikalen der Häuser zustande kommt, den Eindruck einer alltäglichen, eher beiläufigen Szene, fast einer Momentaufnahme; ein Effekt, der in erster Linie durch die Beleuchtung, dann aber auch durch die ungestüme Pinselführung hervorgerufen wird. Einzelne Blätter sowie die Häuserwände reflektieren ein gleißendes, in der Quelle unsichtbares Sonnenlicht, wie es für kurze Sonnenblicke zwischen Regenschauern typisch ist. Constable interessierte sich seit längerem für diese atmosphärischen Vorgänge und hatte gerade in den Hampsteader Jahren eine Unzahl von Wolkenstudien mit genauen meteorologischen Eintragungen gemacht. Es ging ihm darum, die Natur – denn von Porträt- und Historienmalerei hielt er nichts – möglichst unverfälscht und unprätentiös, auch ohne Beigabe von allegorischen und mythologischen Motiven, zu schildern. Mit dieser Auflösung und der damit verbundenen auf optische Sensationen zielenden Sehweise, die eine lockere, freie Malweise zur Folge hat, gewann Constable großen Einfluß auf die Freilichtmalerei der Schule von Barbizon und den jungen Menzel. Erst ein halbes Jahrhundert später, mit dem beginnenden Impressionismus, wird dies Allgemeingut. AS

11 Carl Rottmann (1797–1850)

Schlachtfeld bei Marathon, um 1849.
Öl auf Leinwand, 91 × 90,5 cm.

1826 erhielt Rottmann, seit 1821 in München ansässig, von dem bayerischen König Ludwig I. den Auftrag, 28 italienische Ansichten für die Hofgartenarkaden der Münchener Residenz zu malen. Nach Fertigstellung dieser „Italienreise in Bildern" folgt 1833 der zweite große Auftrag zu einem Landschaftszyklus, der 38 historisch bedeutende Stätten Griechenlands umfassen sollte. Anlaß für dieses kulturpolitisch äußerst wichtige Unternehmen war wohl die Wahl Ottos I., des Sohnes Ludwigs, zum griechischen König 1832, die er nicht zuletzt der Griechenlandbegeisterung seines Vaters zu verdanken hatte. 1834–35 bereiste Rottmann ein Jahr lang auf Kosten Ludwigs I. den Peleponnes und die umliegenden Inseln. Das griechische Land, durch die Befreiungskämpfe gegen die türkische Herrschaft ausgeblutet und verarmt, entsprach den klassischen Vorstellungen des an Winkelmanns Idealen geschulten Nordländers nicht. Jedoch fand er an einzelnen Landschaftssituationen und dem meist heiteren, blauen Himmel Gefallen. Nach Bayern zurückgekehrt, begann Rottmann damit, die zahlreichen vor Ort entstandenen Skizzen und Aquarelle für den vorgesehenen Zyklus zu bearbeiten, der wie die Italienbilder in den Hofgartenarkaden seine Aufstellung finden sollte. In den Jahren 1838 bis 1850 entstanden letztlich 24 Ansichten, die 1854 in einem eigens für sie geschaffenen Saal in der gerade fertiggestellten Neuen Pinakothek angebracht wurden. Das hier abgebildete Ölbild *Schlachtfeld bei Marathon* wird um 1849 gemalt worden sein. Es ist gleichzeitig oder wenig später als das Gemälde des Münchener Zyklus' entstanden und weicht von diesem ab. Das historische Ereignis, nämlich die Schlacht bei Marathon im Jahr 490 v. Chr., bei der die Griechen gegen die Perser siegten und damit die Grundvoraussetzung für die Entwicklung des klassischen Abendlandes schufen, ist hier nicht dargestellt. Im Gegenteil, wir sehen eine weiträumige, menschenleere, unbewohnt wirkende Landschaft vor uns. Über der roten Erde – und hier mag man vielleicht doch an das vergossene Blut denken – wölbt sich ein erhabener, urzeitlicher Himmel, der sich stellenweise zu einem Gewitter verdunkelt, an anderer Stelle aufgerissen ist, so daß das flutende Sonnenlicht die weite Ebene und das Meer streifenartig erhellt. Himmel und Erde, Wasser und Luft werden nicht eindeutig voneinander unterschieden: sie verbinden sich vielmehr zu einem kosmischen Naturbild, das, dem Urzustand der Schöpfung nahe, von Werden und Vergehen bestimmt wird. AS

12 Adolph von Menzel (1815–1905)

Das Balkonzimmer, 1845.
Öl auf Pappe, 58×47 cm.

Neben seinen Historienbildern, mit denen er zu Lebzeiten seinen Ruhm begründete, malte Menzel private Studien, für die hier stellvertretend das berühmte *Balkonzimmer* vorgestellt wird. Es sind Interieurbilder aus seiner eigenen Wohnung oder Ausblicke aus seinen Fenstern. Diese Bilder wurden erst in den letzten Lebensjahren Menzels bekannt, da er sie zuvor als private Studienarbeiten vor den Augen der Öffentlichkeit verborgen gehalten hatte. Das *Balkonzimmer* zeigt eine Situation aus Menzels Wohnung in der Schöneberger Straße 18. Menzel wohnte dort mit seiner Mutter 1847. Danach zog er in die Ritterstraße 43 im heutigen Kreuzberg (vgl. das dort entstandene *Schlafzimmer* von 1847). Dargestellt ist eine Ecke des Wohnzimmers: rechts ein hoher Spiegel und zwei Stühle, links die Ecke eines Teppichs und die Seitenlehne eines Sofas. Die Balkontür ist geöffnet. Eine weiße Tüllgardine wird vom Wind leicht ins Zimmer geweht. Es ist die Stimmung eines Sommernachmittages in einer bürgerlichen Wohnung. Das helle Sommerlicht wird durch den Vorhang gedämpft und dringt nur in einigen Streifen herein. Man verspürt die kühle Behaglichkeit des Zimmers gegenüber der Hitze draußen.

Das Bild ist unvollendet geblieben. Das Sofa links, das im Spiegel rechts deutlich zu sehen ist, ist an seinem eigentlichen Standort nur in der Untermalung zu erkennen, und auch das Bild über dem Sofa erscheint nur im Spiegel. Die Signatur zeigt jedoch, daß das Bild für Menzel in diesem Zustand abgeschlossen war.
Entgegen der offiziellen Historienmalerei, die auf das erhabene historische Thema angewiesen ist, hat diese „private“ Malerei Menzels allein das Ziel, eine als reizvoll empfundene Situation mit malerischen Mitteln festzuhalten, das lockere Wehen des Vorhanges und das Spiel des Sonnenlichtes in Malerei umzusetzen. Menzel tat damit in seinem persönlichen Bereich etwas, was öffentlich erst später in Paris von den Impressionisten vertreten wurde und was viel später Max Liebermann in einem berühmten Zitat zusammenfaßte: „Ein gut gemalter Kohlkopf ist besser als eine schlecht gemalte Madonna“. Für Menzel war dies eine Übung, um die gleiche Lebendigkeit des Lichtes und der Malerei in seinen offiziellen Bildern zu erreichen (vgl. z. B. das *Flötenkonzert*). Dem modernen Betrachter heute steht diese unmittelbare Malerei oft sehr viel näher als die offiziellen Historienbilder. LG

13 Adolph von Menzel (1815–1905)

Das Flötenkonzert, 1852.
Öl auf Leinwand, 142×205 cm.

Seitdem Menzel Franz Kuglers großes Werk der „Geschichte Friedrichs des Großen" mit Illustrationen versehen hatte, war er zum Spezialisten für Friedrich den Großen und seine Welt geworden. In den Jahren nach 1850 schuf er eine Folge von acht Gemälden aus dem Leben des preußischen Königs, als deren Hauptwerke man heute die (im Krieg zerstörte) *Tafelrunde in Sanssouci* (1850) und das *Flötenkonzert* (1852) ansieht. Beide Bilder zeigen den König nicht in öffentlichen Auftritten als Staatsmann, sondern in privatem Kreis als Philosophen und Künstler.

Die Szene des *Flötenkonzertes* spielt 1750 im Konzertzimmer von Schloß Sanssouci bei Potsdam. Der König steht in der Mitte des Raumes und setzt zum Flötenspiel an. Die Musiker seines Orchesters warten auf ihren Einsatz. Drum herum stehen und sitzen lauschend die Gäste. Mit Hilfe einer Zeichnung, in die Menzel die Namen der Dargestellten eingetragen hat, lassen sich die Personen benennen. Es sind zumeist Mitglieder des persönlichen Hofstaates: links stehend Freiherr Jakob Friedrich von Bielefeld, Graf Gustav Adolf von Gotter und Pierre de Maupertius, Präsident der Akademie der Wissenschaft; sitzend Friedrichs Schwester Prinzessin Amalie mit ihrer Hofdame und dahinter Kapellmeister Graun; im Zentrum des Bildes, unter dem Kronleuchter sitzend, Friedrichs Lieblingsschwester Markgräfin Wilhelmine von Brandenburg-Bayreuth, deren Besuch den Anlaß für das Konzert geboten hatte, und rechts hinter dem König Sophie Caroline Gräfin von Camas; hinter dieser stehend der Chevalier Chasot. Am Cembalo sitzt Philipp Emanuel Bach (Sohn von Johann Sebastian Bach), und im Orchester steht, die Bratsche in der Hand, der Konzertmeister Franz Benda. Rechts an der Wand lehnt aufmerksam zuhörend Johann Joachim Quantz, Friedrichs Flötenlehrer.

Menzels Ziel war es, die historische Szene bis in jedes scheinbar nebensächliche Detail getreu ins Bild zu setzen. Zu diesem Zwecke studierte er in hunderten von Zeichnungen die historischen Personen und ihre Kleidung, die Örtlichkeit und das Mobiliar bis ins Kleinste. Aber neben der historischen Detailtreue ging es Menzel darum, die Atmosphäre des Ereignisses, „Kerzenlicht von allen Seiten und von oben", sichtbar zu machen und damit die Szene aus dem Bereich des historisch Erhabenen in den Bereich des menschlich Vertrauten und Gegenwärtigen zu versetzen. LG

14 Anselm Feuerbach (1829–1880)

Ricordo di Tivoli, 1866/67.
Öl auf Leinwand, 194×131 cm.

Unter den sogenannten „Deutschrömern" ist Anselm Feuerbach der empfindsamste. Er steht gleichsam zwischen den dramatischen Schöpfungen Böcklins und der Klassizität von Marées, schließt sich jedoch dabei den großen Meistern italienischer Malerei, etwa Raffael und Tizian, sehr viel enger an.
Sind die frühen, sehr an Tizian erinnernden Bilder der Nanna, seiner Lebensgefährtin, die ihn jedoch im Herbst 1865 verließ, sehr verinnerlicht und still, so zeigte sich in den späteren Bildern der Iphigenie und der Medea ein verhaltenes und ins Dramatische gesteigertes Pathos.
Unser in Rom entstandenes Bild, das der Künstler schon 1866 in einem Brief an seine Mutter erwähnt und in der ganzen Anlage als „merkwürdig glücklich" charakterisiert, hat, wie er später einmal schreibt, einen „Raffaelischen Zug" und strömt eine heitere und in sich ruhende Gelassenheit aus. Im Hintergrund der in Gesang und Musik verbundenen Kinder sind die Wasserfälle von Tivoli zu sehen, eine bei Feuerbach seltene Einheit von Mensch, Kunst und Landschaft, gleichsam noch im Stadium der Unschuld.
In diesem Bild gelingt es dem Künstler, sich weitgehend von thematischen und formalen Einengungen zu lösen und eine ganz eigene Sprache zu entwickeln, die das an und für sich traditionelle Thema mit einer neuen Empfindsamkeit verbindet.
Auch dieses Bild befand sich mit den „Lebensaltern" von Marées im Besitz von Konrad Fiedler, der die Künstler, wie Graf Schack schon vorher, unterstützte und ihre Arbeit theoretisch begleitete. Es wurde 1902 von Hugo von Tschudi, der als junger Mann im Künstlerkreis der „Deutschrömer" verkehrte, für die Nationalgalerie erworben. DH

15 Hans von Marées (1837–1887)

Die Ruderer, 1873.
Öl auf Leinwand, 136 × 167 cm.

Das Bild ist eine Ölstudie zu dem Hauptfresko der 1872 von Anton Dohrn gegründeten Zoologischen Station in Neapel, einer von Hans von Marées mit großem Interesse aufgenommenen wissenschaftlichen Republik, in der Wissenschaftler aus verschiedenen Ländern sich zur Erforschung der Meerestiere zusammengefunden hatten. Marées war 1873 mit Dohrn, den er vorher schon aus Jena kannte, in Dresden zusammengetroffen und hatte die Ausmalung des als Bibliothek und als gesellschaftlichen Treffpunkt genutzten Hauptsaales verabredet; für den Künstler, dessen enges und ihn finanziell sicherndes Verhältnis zu dem Grafen Schack in München gerade in die Brüche gegangen war, ein wichtiger und bestätigender Auftrag. Leider verschlang der Ausbau des Instituts alle Gelder, so daß weder ein Honorar noch die notwendigen Materialkosten zur Verfügung standen. Marées, ganz von der neuen Aufgabe besessen, erreichte von Konrad Fiedler, dem vermögenden Freund und durch seine Kunst angeregten Theoretiker, eine nur zögernd gewährte Stiftung. Fiedler hatte Zweifel daran, daß der von ihm hochverehrte, aber sehr langsam arbeitende und um letzte Vollkommenheit ringende Künstler dieser dekorativen Aufgabe gewachsen war. Für Marées aber bedeutete der Auftrag die Wiederbegegnung mit Italien und die Rückkehr in das Land, dem er künstlerisch so viel verdankte. Zusammen mit dem Bildhauer Adolf Hildebrand, der ihm zur Gesamtdisposition manche Anregung gab und auch in den architekturgebundenen Teilen mitwirkte, vollendete Marées die für zwei Jahre veranschlagte Arbeit bereits in einigen Monaten, gleichsam in einem Schaffensrausch. Thema waren für ihn die einfachen Menschen des Landes, die Fischer und die Obstbauern, die er in seinem Lebensfries feierte. Insgesamt 13 Ölstudien dienten dazu, den spontanen Duktus der Niederschrift zu erproben, den er später ungeschmälert ins Fresko übertrug.

Das Bild war zunächst mit anderen Vorarbeiten in Neapel liegengeblieben, gelangte dann in den Besitz Adolf Hildebrands, der es 1907 der Nationalgalerie zum Geschenk machte. DH

16 Hans von Marées (1837–1887)

Die Lebensalter, um 1878.
Öl und Eitempera auf Holz, 98 × 87 cm.

Das Thema der Lebensalter geht auf die Arbeiten zu den Neapler Fresken im Jahr 1873 zurück. Marées selbst hat, wie wir von seinem Biografen Julius Meier-Graefe wissen, das Bild „Orangenbild" genannt, sicher in Anspielung auf die Orangenpflücker, die er schon in den Vorstudien und einem Fresko in Neapel behandelt hatte. Seit 1873 beschäftigten den Künstler auch in seinen Zeichnungen Idyllen, in denen er stehende und sitzende, teils nackte Menschen in lichten Hainen, gleichsam in einem von Arbeit und Sorgen freien Arkadien darzustellen versucht, wobei die Figuren, offensichtlich unter dem Einfluß oberitalienischer Malerei, in der Proportion schlanker werden. Obwohl wir wissen, daß Marées zum Teil sehr lange an seinen Bildern arbeitete, wofür der pastose Farbauftrag unseres Bildes auch spricht, ist diese Arbeit mit Sicherheit später als *Die Ruderer* entstanden. Es rief jedenfalls bei seinen Freunden wegen der neuen, ganz auf die Figur setzenden Haltung Erstaunen hervor, und Arnold Böcklin zeigte sich ergriffen, wie es „ihm immer bei den besten Kunstwerken, die er überhaupt gesehen, geschehen sei". Zu dem Bild gibt es eine Reihe von Vorzeichnungen in Wuppertal, die das Thema zu klären versuchen. Marées erreicht hier erstmals eine Präsenz und zugleich eine Idealität der Figur, die später großen Einfluß auf Symbolismus, Jugendstil und Frühexpressionismus ausübte. Die fast klassische Architektur des Bildbaus wird durch eine physische Körperlichkeit überspielt, die sich zunehmend schwerer in die Bildebene integrieren läßt.
Marées schenkte das Bild 1878 Konrad Fiedler. Von dort gelangte es zu Mary Balling nach Partenkirchen und kam schließlich nach deren Tod 1919 in die Nationalgalerie.

DH

17 Arnold Böcklin (1827–1901)

Selbstbildnis mit fiedelndem Tod, 1872.
Öl auf Leinwand, 75×61 cm.

Das Bild gehört zu den schönsten und eindrucksvollsten Selbstbildnissen, die Künstler geschaffen haben. Von den Selbstbildnissen Böcklins ist es unzweifelhaft das wichtigste. Der Künstler hält während des Malens inne und scheint der Melodie des Todes zu lauschen. Ursprünglich hatte sich wohl Böcklin, wie häufig behauptet wird, allein dargestellt, doch ist diesem „Inspirationsbild" später, wohl unter dem Eindruck eines Holbein zugeschriebenen Bildes in der Alten Pinakothek in München, das der zu dieser Zeit in München lebende Künstler sicher gesehen hat, der Tod hinzugefügt worden. Dieses aus der Ikonographie der Totentänze entlehnte Motiv wurde später auch von Hans Thoma und Lovis Corinth verwandt. Durch die Hinzufügung des Todes wird aus der Selbstüberhöhung des Künstlers ein „memento mori". Der auf dem Höhepunkt seines Lebens stehende Künstler ist gleichwohl schon vom Tod umschattet, der Unvergänglichkeit der Kunst steht die Vergänglichkeit des Lebens gegenüber. Darstellungen wie diese waren sicher nicht ohne Einfluß auf Künstler wie Edvard Munch, der Böcklin „höher als alle Maler der Gegenwart" einschätzte.

Böcklin setzte sich wiederholt mit dem Tod auseinander, so in der *Beweinung unter dem Kreuz* von 1876, den fünf Fassungen der *Toteninsel* in den 80er Jahren und schließlich dem *Krieg* von 1897. Er wurde 1872 von der Akademie der Künste in München zu ihrem Ehrenmitglied ernannt und mußte in dieser Zeit viel Kritik hinnehmen, die sich mit zunehmendem Ruhm steigerte, ohne daß dies jedoch Einfluß auf die kontinuierlichen Erwerbungen der Nationalgalerie hatte. DH

18 Gustave Courbet (1819–1877)

Die Welle, 1870.
Öl auf Leinwand, 112 × 144 cm.

Gustave Courbet, einer der wichtigsten französischen Maler des 19. Jahrhunderts, übte nicht allein auf die nachfolgende französische Malergeneration, auf den frühen Claude Monet und auf Edouard Manet, sondern auch auf die Deutschen, auf Leibl und Thoma z.B., entscheidenden Einfluß aus. 1819 in Ornans geboren, bildete er sich seit seiner Ankunft in Paris, 1839, in erster Linie durch Kopieren alter Meister zum Maler aus. Seit 1855, dem Jahr, in dem er unter dem programmatischen Titel „Realismus“ 40 Gemälde in einem eigenen Pavillon neben der offiziellen Kunstausstellung der Weltausstellung zeigte, galt er als Haupt dieser Richtung. Er malte moderne Historienbilder, Porträts, Akte, Jagdszenen und Landschaften, darunter eine Reihe von Meerbildern, die an der normannischen Küste entstanden sind, wo Courbet mehrmals den Sommer verbrachte. Die zahlreichen Wogenbilder gehen auf den Sommeraufenthalt 1869 zurück, wenngleich sie später im Atelier vollendet wurden. Denn 1870 ist Courbet wegen des Kriegsausbruchs nicht mehr – wie geplant – ans Meer gefahren.

Guy de Maupassant schildert in „La vie d'un paysagiste in: Gil Blas“ die große Vehemenz, mit der Courbet an diesen Wellenbildern arbeitete und die unmittelbaren Niederschlag in den Bildern findet. Der bedrohende, urgewaltige Zugriff der Natur, wie er besonders in der Fassung der Nationalgalerie zur Darstellung kommt, faszinierte auch Paul Cézanne, der sich zu dem Bild folgendermaßen äußert: „Die große Woge, die in Berlin, wunderbar, eine der Entdeckungen des Jahrhunderts, viel beweglicher, viel gewölbter, mit einem giftigeren Grün, mit einem schmutzigeren Orange, als bei der im Louvre, mit ihrer schaumigen Gischt, der Flut, die aus dem Grunde der Zeiten kommt, dem zerfetzten Himmel und der fahlen Schärfe. Es ist, als käme sie gerade auf einen los, man schreckt zurück. – Der ganze Saal riecht nach Wasserstaub.“

AS

19 Wilhelm Leibl (1844–1900)

Dachauerin mit Kind, 1873/74.
Öl auf Holz, 86×68 cm.

Wilhelm Leibl, dessen Kunst häufig eher abschätzig als „Bauernmalerei" abgetan wurde, vertrat in der deutschen Kunst des 19. Jahrhunderts einen Realismus, der dem des älteren Courbet in Frankreich sehr verwandt und ebenbürtig war. Beide Künstler schätzten sich, und nach einer persönlichen Begegnung in München 1869 verschaffte Courbet dem jungen Leibl eine Einladung nach Paris. *Dachauerin mit Kind* entstammt einer Zeit, in der Leibl nach seiner Begegnung mit der französischen Malerei das Malerische in seinen Bildern zu einer hohen Reife entwickelt hatte. Zwei Aspekte bestimmen die Aussagen dieses Bildes: das Motiv einer jungen Bauersfrau in Dachauer Tracht mit ihrem Kind und die malerische Freiheit und Sicherheit, mit der dieses Motiv dargestellt wurde. In beidem ist Leibls höchstes Prinzip das der „Ehrlichkeit", Ehrlichkeit gegenüber dem Motiv, das unverfälscht und ohne gekünstelte Inszenierung dargestellt werden sollte, und Ehrlichkeit im Umgang mit dem Medium des Malers, seinem Pinsel und seinen Farben.

Die junge Frau sitzt vor einer hellen Wand, ihren linken Arm hat sie um die Schulter des stehenden Kindes gelegt. Die Tracht der Frau und ihres Kindes ist eine festliche Tracht, nicht die tägliche Arbeitskleidung. Mutter und Kind blicken aus dem Bild heraus, die Frau eher zurückhaltend und kritisch, das Kind offen und gerade. Sie sitzen dem Betrachter bewußt und selbstbewußt gegenüber. Leibl wandte sich mit einer solchen direkten, bildnishaften Darstellung grundsätzlich von der bis dahin vorherrschenden, anekdotisch genrehaften Schilderung des Bauern ab. Ihm ging es um die Menschen und ihr tatsächliches Leben, nicht um die wirkungsvoll komponierte Darstellung von typischen Situationen aus dem Bauernleben, für die ein Künstler wie Defregger noch später höchsten Ruhm ernten sollte. Die Dachauerin und ihr Kind sind Individuen in ihrer eigenen und besonderen Situation. Sie stehen nur für sich selbst als Menschen. Im Sinne des Realismus, wie Courbet ihn forderte, liegt gerade darin die allgemeine Bedeutung.

Die Malerei dieses Bildes ist von luftiger Lockerheit und samtiger Feinheit. Sie läßt Atmosphärisches und Stoffliches entstehen, ohne dabei selbst in illusionistischer Glätte aufzugehen. Leibl erreichte diesen malerischen Stil, nachdem er zuvor, angeregt von Courbet und sicherlich auch von Manet, dessen Arbeit er in Paris zweifellos gesehen hatte, mit kraftvoll gesetzten, freien Pinselstrichen und dickem Farbauftrag gemalt hatte.

LG

20 Claude Monet (1840–1926)

St. Germain l'Auxerrois, 1866.
Öl auf Leinwand, 79×98 cm.

In einem 1865 datierten Brief an die Direktion des Louvre bat Monet, damals ein junger unbekannter Künstler, darum, seine Staffelei in der Säulengalerie des Perraultschen Flügels aufstellen zu dürfen. 1866–67 malten er und Renoir von dort aus verschiedene Ansichten von Paris; die gotische Kirche St. Germain l'Auxerrois, im Osten des Louvre gelegen, den Quai du Louvre und den Garten der Infantin, wobei die letzten beiden einander sehr ähnlich sind. Vermutlich wurde Monet in der Wahl seiner Motive durch zeitgenössische Fotografien angeregt. Guervin hatte die Kirche St. Germain l'Auxerrois schon zu Beginn der sechziger Jahre von demselben Standpunkt aus aufgenommen. In der gleichzeitigen Malerei finden wir keine vergleichbaren Stadtansichten, weder bei Johann Barthold Jongkind, dessen Landschaften Monet entscheidend beeinflußt hatten, noch bei Edouard Manet. Vielmehr erinnern die geschlossene Komposition und der erhöhte Standpunkt, der dem eines Touristen auf einem Aussichtsturm entspricht, an Stadtprospekte des 18. Jahrhunderts, zum Beispiel an Canaletto. Wie dort gibt Monet einen allgemeinen Überblick über das großstädtische Leben auf einem Platz. Die Menschen unter den blühenden Kastanienbäumen, nur flüchtig markiert, bleiben anonym.

Das Gemälde ist 1866 datiert, ein Datum, dessen Richtigkeit wegen der auffallenden Stilunterschiede in diesem Bild angezweifelt wird. Während die Architektur, die Häuser rechts und die Kirche mit ihrer Rosette und den Strebepfeilern vergleichsweise präzise wiedergegeben sind, der Maler versucht hat, die materielle Qualität des Steines anschaulich zu machen, beginnen sich die blühenden Kastanienbäume und die wimmelnden Menschen in ihren Konturen aufzulösen und nurmehr als optische, also farbige Erscheinung zu wirken. Hierin kündigt sich das Prinzip des Impressionismus an, das die Welt – gleichgültig welcher Inhalt dargestellt wird – als optische Erscheinung sieht.

Monet wird das Gemälde nachträglich vordatiert haben, denn in einem Brief an den Malerfreund Frédéric Bazille aus dem Jahr 1867 spricht er davon, daß er und Renoir noch an den Pariser Ansichten arbeiten.

AS

66 Claude Monet

21 Claude Monet (1840–1926)

Sommer, 1874.
Öl auf Leinwand, 57 × 80 cm.

1874 fand in den Räumen des Photographen Nadar am Boulevard des Capucines in Paris die erste gemeinsame Ausstellung einer Gruppe junger Maler statt, zu der u.a. Monet, Renoir, Sisley und Berthe Morisot zählte. Von der Jury der offiziellen, jährlichen Salonausstellungen meist abgewiesen, hatten sie nach einer Möglichkeit gesucht, ihre Werke dem Publikum anderswo zu zeigen. Der Skandal war dann entsprechend groß. Und die Presse hatte auch einen Namen für diese Art von Malerei parat, nämlich „Impressionismus". Er war von einem der ausgestellten Bilder, der *Sonnenaufgang-Impression* von Monet, abgeleitet.

Heute gilt der Impressionismus bei vielen als eine der höchsten Kunstformen überhaupt, und das hier abgebildete, ebenfalls 1874 entstandene Gemälde, das alle Stilmerkmale dieser Richtung trägt, gehört zu den beliebtesten der Sammlung. Das Sujet ist einfach und unliterarisch: ein hochsommerlicher Wiesengrund in der hügeligen, weiten Landschaft der Ile de France, dem Kernland um Paris. Ein leichter Wind geht durch die Bäume und das hohe Gras, in dem drei Frauen weilen. Ganz von der Natur umgeben, unterscheiden sie sich kaum von dieser. Mit dem gleichen lockeren, beinahe flüchtigen Pinselstrich malt Monet das Gras, das Laub der Bäume, die Frauengestalten. Es kommt ihm nicht darauf an, die unterschiedliche materielle Beschaffenheit der dargestellten Gegenstände zu kennzeichnen, sondern ihre optische Erscheinung im flirrenden Sommersonnenlicht festzuhalten. Diese Auflösung der festen Materie in ihr optisches Korrelat ist eines der Hauptmerkmale des Impressionismus. Hinzu kommt die starke Helligkeit der Bilder, die zu dem Begriff der Lichtmalerei führte. Sie kann als Ausdruck eines heiteren, optimistischen Lebensgefühls gedeutet werden. So werden auch die Schatten nicht einfach durch dunkle Zonen, sondern durch eine andere Farbe markiert. In diesem Bild betonen die lichtgrünen Schattenzonen im Vordergrund den Eindruck des Zufälligen und Flüchtigen, des jederzeit Veränderbaren, ein Eindruck, der auch durch den auf den ersten Blick beliebigen Bildausschnitt und nicht zuletzt durch die Malweise unterstützt wird. AS

22 Pierre Auguste Renoir (1841–1919)

Im Sommer, 1868.
Öl auf Leinwand, 85 × 59 cm.

Lise Tréhot und Renoir begegneten einander wohl 1865. In den folgenden Jahren war sie sein bevorzugtes Modell und seine Geliebte. Er malte sie als vornehme junge Dame mit einem Sonnenschirm (Museum Folkwang Essen), mit einem Blumenstrauß, beim Nähen usw. Renoir, der sich nach einer Lehre als Porzellanmaler erst seit wenigen Jahren ausschließlich der Kunstmalerei widmete, war zu dieser Zeit noch ein weitgehend unbekannter Künstler, der mit den Gemälden, die er im Salon ausstellen konnte – es waren nicht viele, denn sie wurden von der Jury häufig zurückgewiesen – erste Aufmerksamkeit erlangte. Zu denen, die sich für seine Kunst einsetzten, zählte der Schriftsteller Emile Zola, der vor allem Manet unterstützte.
Dieses Bild aus dem Jahre 1868, mit seinem offiziellen Titel *Im Sommer oder Die Zigeunerin* genannt, war ebenfalls im Salon ausgestellt, ohne jedoch Beachtung zu finden. Es zeigt die zwanzigjährige Lise als Zigeunerin. Vor einem sommerlich grünen, mit freiem, stakkatoartigem Pinselstrich gemalten Baumlaub sitzt die junge Frau mit aufgelöstem Haar. Die weiße Bluse ist über die vollen, weichen Schultern gerutscht. Die Hände hat sie in den Schoß gelegt. Das Bildnis ist ganz sinnlich-vegetative Passivität, die aus jedem Detail, dem weichen Gesicht und dem ziellosen Blick spricht. Hierin und in der gegenstandsbezogenen, klassischen Malweise zeigt die Lise Verwandtschaft zu den Frauengestalten Courbets, in einem weiteren Sinn auch zur französischen Malerei des 18. Jahrhunderts. Denn Renoir fühlte sich, anders als Monet, mit dem er zu dieser Zeit aufs engste befreundet war, der klassischen Malerei, damit also der großformatigen Figurenmalerei verpflichtet. Sein Interesse konzentrierte sich zeitlebens auf die Darstellung der menschlichen Figur und hier besonders auf die des weiblichen Aktes.

AS

23 Edouard Manet (1832–1883)

Im Wintergarten (Dans la serre), 1879.
Öl auf Leinwand, 115 × 150 cm.

Manet legte – im Gegensatz zu den anderen Impressionisten – Wert darauf, in den offiziellen Pariser Salonausstellungen vertreten zu sein und mußte sich also der jährlichen Juryauswahl, nicht immer erfolgreich, unterwerfen. 1879 zeigte er das 1874 gemalte *Im Boot* und *Dans la serre*, das 1878–79 entstanden war. In dieser Zeit bewohnte Manet das Atelier des Malers Rosen in der rue d'Amsterdam. Beide Gemälde fanden in der Kritik, die frühere Einsendungen wie die *Olympia* oder *Nana* völlig zunichte gemacht hatte, vergleichsweise positive Anerkennung. Gelobt wurde das geschmackvolle Kolorit und die – im Vergleich zu früheren Werken – naturgetreue Zeichnung von Kopf und Händen, die Frische der Darstellung, der alles Akademische fehlte. Über das Sujet, ein Paar in einem Treibhaus, hören wir wenig. Scheint es doch auf den ersten Blick wenig Provokation zu enthalten. Eine elegante Dame und ein weltläufiger Herr – als Modell hatten Madame und Monsieur Jules Guillemet, die ein Modegeschäft in der rue Saint-Honoré besaßen, gedient – sind in ein Gespräch vertieft, eine Szene, die vielleicht an Passagen von Zolas Roman „La Curée“ erinnern konnte, sich aber auch mit Monets *Die Bank* von 1873 oder sogar Rubens' *Geisblattlaube* in Beziehung setzen ließe. Thema ist, wie auch in anderen Bildern der siebziger Jahre, die Vereinzelung von Mann und Frau. So nimmt jeder – in zweifacher Richtung – eine Bildhälfte ein; links sitzt die junge Frau auf der Bank, während der ältere Mann, dessen Gesichtszüge mit Manet Ähnlichkeit haben, rechts hinter der Bank steht und sich ihr zuneigt. Auf der oberen Banklehne, die auch die Funktion einer durchlässigen und zur gleichen Zeit stabilisierenden Trennungslinie hat, begegnen sich ihre Hände. Ohne sich zu berühren, sind sie die empfindlichste Kontaktstelle. Der Mann ist als ein aktiver gekennzeichnet, er weist mit dem Finger und der Zigarre auf sie, neigt sich ihr zu. Sein Gesicht scheint in Bewegung, jederzeit veränderbar. Die Frau verharrt in Passivität. Den Blick stumpf zur Seite gerichtet, geht sie auf sein Angebot noch nicht ein. So kostbar wie die exotischen Kamelien, deren blasses Rosa in ihrem blütengleichen Mund wiederkehrt, bleibt sie stumm und unbeweglich, sich ihrer Schönheit bewußt, zu verhaltener Schaustellung jederzeit bereit. Durch die fast archaisierende Formensprache gelingt es Manet trotz aller motivischen Nähe zur Trivialität (Treibhaus, Kamelien, elegante Welt), hier ein gesellschaftliches Verhaltensmuster anschaulich zu machen, das über seine Epoche hinaus Gültigkeit hat.

AS

24 Edouard Manet (1832–1883)

Der Fliederstrauß, um 1882.
Öl auf Leinwand, 54×42 cm.

In den letzten Monaten seines Lebens malte Manet unter anderem eine Reihe von Blumenstilleben, meist Rosen und Flieder in einer Kristallvase; ein Sujet, das ihn schon 1864 und 1868 beschäftigte. Diese früheren Blumenarrangements sind opulenter. Die Perlenketten und die geschälten Zitronen lassen Manets Interesse für Courbets glanzvolle Malerei, seine Bewunderung für die Niederländer des 17. Jahrhunderts erkennen. In den späten Arbeiten faßte Manet den Bildausschnitt knapper. Das Motiv ist einfach; keine Perlen, die an den Vanitasgedanken, die schönen, vergänglichen Eitelkeiten dieser Welt erinnern. In der Beschränkung auf den Schwarz-Weiß-Kontrast und in der Flachheit des Bildraumes zeigt sich vielmehr die Auseinandersetzung mit den japanischen Holzschnitten, die in Pariser Künstlerkreisen seit Mitte des Jahrhunderts Mode waren (vgl. dazu Manets Porträt des Schriftstellers Emile Zola, 1867–68, heute in Jeu de Paume, Paris). Aber anders als bei diesen Drucken erhalten die Blumen vor dem dunklen Grund hier durch den bewegten Pinselstrich eine strahlende Lebendigkeit. Der weiße Flieder scheint gleichsam zu duften.

Das kleine Gemälde gehörte ehemals in die Sammlung von Carl und Félicie Bernstein, die, als erste in Berlin, bereits in den achtziger Jahren Bilder von Monet, Manet, Degas, Berthe Morisot und Sisley erwarben. In diesem Haus – in dem ganz Berlin verkehrte, nämlich Adolph von Menzel, Theodor Mommsen, Ludwig Curtius, Max Klinger und Wilhelm von Bode, begegneten auch Max Liebermann und Hugo von Tschudi zum erstenmal der zeitgenössischen, impressionistischen Malerei Frankreichs, was schließlich zu einer gemeinsamen Reise nach Paris führte, deren Ergebnis die vorzügliche Sammlung impressionistischer Bilder in der Nationalgalerie ist. Der Fliederstrauß ging durch ein Vermächtnis von Frau Félicie Bernstein 1909 in den Besitz unserer Sammlung über.

AS

manet

25 Max Liebermann (1847–1935)

Stevenstift in Leyden, 1889.
Öl auf Leinwand, 78 × 100 cm.

Das Stevenstift ist ein kommunales Altersheim, das die Stadt alten, bedürftigen Mitbürgern für deren Lebensabend zur Verfügung stellte. Das Motiv gehört also in die Reihe der „Altmänner-" und „Waisenhäuser", die Liebermann seit 1880 immer wieder gemalt hatte. An ihnen bewunderte er offenbar nicht nur die seit altersher vorbildliche Sozialfürsorge der holländischen Gemeinden, sondern auch jene gewachsene Einheit von Architektur, geselligem Leben und Natur.

Vergleicht man aber dieses Bild mit den früher entstandenen Darstellungen ähnlicher Motive, dann findet man zwar Entsprechungen in der Komposition, doch Unterschiede in der Auffassung. Früher erschienen die Figuren größer und wichtiger, die Betonung lag auf ihrer Geselligkeit, ihrem Zusammensein. Hier sind die Figuren an den Rand gedrückt, sie erscheinen beinahe als Staffage des Raumes. Dominant wird hier die Natur, die beinahe mehr als die Hälfte des Bildes einnimmt. Auf ihre Darstellung verwendet der Maler besondere Mühe und arbeitet, mit Spachtel und grobem Pinsel, die Laubmassen von Büschen und Bäumen heraus.

Das hier bemerkbar werdende größere Gewicht von Natur und die neue, pastose Technik deutet auf einen Wandel in der Realitätsauffassung, der sich bei Liebermann in diesen Jahren vollzieht. An die Stelle der genauen und scharfen Zeichnung, die seine Bilder bisher charakterisierte, tritt nun eine subjektive, flüchtigen Eindrücken nachjagende Maltechnik; an die Stelle der Gemeinschaft, die auf seinen frühen Bildern alle Menschen einbindet, tritt nun zunehmend die Natur. Sein Vertrauen in das soziale Modell, das er jahrelang immer wieder gemalt hatte, scheint erschüttert und er sucht nach neuen Orientierungen. In den nächsten Jahren fand er diese in der Malerei der französischen Impressionisten, die er leidenschaftlich zu sammeln begann. ME

26 Lovis Corinth (1858–1925)

Donna Gravida, 1909.
Öl auf Leinwand, 95 × 79 cm.

Lovis Corinth gehörte zu den hervorragendsten Bildnismalern seiner Zeit. Im Porträt seiner Frau Charlotte, entstanden 1909 kurz vor der Geburt der Tochter Wilhelmine, gelang ihm eines seiner psychologisch am tiefsten dringenden Werke. Zunächst hieß das Porträt im Kreis der Familie scherzhaft „Die verklärte Charlotte", dann empfing es seinen endgültigen Titel nach Raffaels berühmtem Damenbildnis im Florentiner Palazzo Pitti: „Donna Gravida". Wie die Porträtierte selbst schrieb, wurde es „die nach allgemeinem Urteil reifste, glücklichste der vielen mir gewidmeten Bildnisdarstellungen". Charlotte Berend, die als Schülerin in Corinths Berliner Malschule kam, wurde 1903 seine Frau. Ihrem Verständnis für seine künstlerische Arbeit, ihrem Einfühlungsvermögen und ihrer Opferbereitschaft hatte Corinth, der oft unter Depressionen litt, vieles zu verdanken. Nach Corinths Übersiedlung aus München nach Berlin im Jahr 1900 rückte er rasch in die vorderste Reihe der Künstler, die eine deutsche Sonderform des Impressionismus entwickelten. Neben Liebermann und Slevogt vertrat er in den Ausstellungen der Berliner Sezession ein impressionistisches Prinzip, das in allen seinen Wandlungen doch letztlich immer aus einer malerischen, farbsinnlichen Intuition seine eigentliche Kraft bezog. In der reichen Folge seiner Porträts – zumeist aus dem weiteren Freundes- und Bekanntenkreis – offenbart sich die außergewöhnliche Einfühlungsgabe Corinths in das Wesen seines Gegenübers. Hinzu tritt im Bildnis seiner Frau noch die Vertrautheit des innersten Lebensbezirkes. Ein flüssiger, breiter Farbauftrag verdichtet sich im Gesicht, während Figur und Kleidung eine mehr skizzenhaft großzügige Behandlung erfuhren. Die Palette vermeidet starke Farbklänge oder Kontraste und ist auf zarte, lichte Töne mit wenigen Abstufungen gestellt. Gesichtszüge und Blick verraten andeutungsweise etwas von der körperlichen Veränderung, die über das Persönliche hinausweist auf eine der grundlegenden menschlichen Lebenserfahrungen. PK

LOVIS CORINTH
1909.

27 Max Slevogt (1862–1932)

Zitronenstilleben, 1921.
Öl auf Leinwand, 64 × 80 cm.

Max Slevogt zählte zusammen mit Max Liebermann und Lovis Corinth zu den sogenannten „Deutschen Impressionisten". Er war von diesen drei Malern der jüngste. Mit den französischen Impressionisten hatten sie alle viel weniger gemeinsam als man nach dieser Benennung erwarten möchte. Deren „Lichtmalerei" war nie ihr Anliegen. Ihr Ausgangspunkt war der Realismus Wilhelm Leibls und seiner Schule gegen Ende des 19. Jahrhunderts. Die Auseinandersetzung mit den französischen Impressionisten beeinflußte sie nur insofern, als sie in ihrer Arbeit die Befreiung der Malerei förderte, die Verselbständigung des Malerischen gegenüber dem Inhaltlichen. Corinth und Slevogt benutzten diese „befreite" Malerei mit barocker Ausdruckshaftigkeit, ganz anders als ihre französischen Vorbilder.
Slevogts *Stilleben mit Zitronen* von 1921 ist ein Spätwerk. Es vertritt künstlerische Prinzipien des späten 19. Jahrhunderts in virtuoser Ausgereiftheit zu einer Zeit, da die jüngeren Expressionisten ihre revolutionären Jahre schon hinter sich hatten und der Kubismus eine beherrschende internationale Rolle spielte.
Das Stilleben war in der Malerei des 19. und 20. Jahrhunderts ein inhaltlich anspruchsloses Bildthema, das dem Maler aber um so mehr Möglichkeiten zur malerischen Entfaltung bot. In diesem Sinne ist es auch hier bei Slevogt zu verstehen. Die Zusammenstellung der dargestellten Gegenstände ist ohne symbolische oder allegorische Bedeutung. Vor einem dunklen Hintergrund, auf einer gemusterten, bräunlichen Tischdecke, sind verschiedene Gegenstände versammelt, die mit dem Herstellen von Zitronensaft zu tun haben: eine Silberschale mit Zitronen und eine Zuckerdose rechts, ein Glaskrug in der Mitte und eine Zitronenpresse, ein Glas mit Rührlöffel und ein Glasteller mit angeschnittener Zitrone links. Das Ganze ist wenig arrangiert. Es sieht aus wie eine zufällig entstandene und vom Künstler als malerisch interessant empfundene Zusammenstellung. Der bewegte Glanz der zarten Silbergerätschaften, das Glas, der Zucker, die frischen Zitronen, die gestickten Muster der Tischdecke, sie alle sind umgesetzt in bewegte Malerei, die sich mit hoher Eigenständigkeit entfaltet. Die ursprüngliche Materialität der Objekte geht auf in Malerei.
In den zwanziger Jahren, als er dieses Bild malte, verstand sich Slevogt als „Augentier", als einen der wenigen verbliebenen Vertreter reiner Malerei, als ein Auge, das „sieht voller Einbildung, ... voll Musik, Rhythmus und Trunkenheit".

LG

28 Edvard Munch (1863–1944)

Harry Graf Kessler, 1906.
Öl auf Leinwand, 200 × 84 cm.

Nach der Jahrhundertwende nimmt das Porträt, besonders die Darstellung in ganzer Figur, im Werk von Munch einen vorrangigen Platz ein. Bereits in den frühen Porträts aus den neunziger Jahren hatte er die Menschen gern isoliert in voller Figur vor einen raumlosen Grund gesetzt. Im Zentrum von Munchs Kunst stand der Mensch: seinen Begegnungen mit Liebe, Rausch, Einsamkeit und Tod galten die großen, symbolischen Zyklen seiner Malerei und seiner Graphik. Der überwache Blick in die Psyche und deren verborgenste Regungen prädestinierte Munch zum Bildnismaler – ein Gebiet, auf dem er eine robuste, zu lapidaren Formeln geprägte Vereinfachung erreichte, die wegweisend wurde für die folgende Expressionistengeneration. Auch im Bildnis seines Freundes Harry Graf Kessler gelang ihm jener so schwierige Ausgleich zwischen einer fast monumentalen Würde und ungezwungener vitaler Präsenz. Unter Verzicht auf jegliches Beiwerk lenkte Munch alle Konzentration auf den Wesenskern des Dargestellten. Bei dieser, von ihm zu größter Prägnanz gesteigerten Art der Darstellung zählte allein die Kraft der Charakterisierung und der auf wenige Töne begrenzten Palette. Kesslers achtunggebietende schlanke Gestalt vor ockerfarbenem und gelbem Grund, lässig auf einen Stock hinter dem Rücken gestützt, kommt dem Beschauer frontal entgegen. Kräftig wird der Kontrast des blauvioletten Anzugs mit seinen roten Partien gegen den hellen Grund ausgespielt. Der zitronengelbe Strohhut mit der grüngelben Krempe setzt einen lichten Akzent auf die dunkle Figur. Kessler, den Munch schon in den neunziger Jahren in Berlin getroffen hatte, gehörte zu den energischsten Förderern seiner Kunst in Deutschland. Das weltläufig Selbstbewußte dieses Mannes kommt deutlich zum Ausdruck. Munch gelang es, das Elegante der Erscheinung festzuhalten, ohne dabei in die mondäne Pose abzugleiten. Energisches Aufrechtstehen und geschmeidige Eleganz bleiben im Gleichgewicht. In zielstrebiger Arbeit, unterstützt von Henry van de Velde, konfrontierte Kessler in jenen Jahren die Weimarer mit den bedeutendsten Schöpfungen der modernen Kunst.

PK

Harry Graf Kessler

29 Oskar Kokoschka (1886)

Der Wiener Baumeister Adolf Loos, 1909.
Öl auf Leinwand, 74×91 cm.

Der junge Oskar Kokoschka erlangte mit einigen hellsichtigen Porträts, die die Psyche der Dargestellten gleichsam durchleuchteten, 1908/09 in Wien ersten Ruhm in einem kleinen Kreis, während Kritik und Publikum überwiegend abfällig urteilten. Zu diesen ersten Porträts zählt auch das seines Freundes Adolf Loos. Dieser Architekt und Publizist – mit Perret, Wright und Behrens einer der Bahnbrecher der modernen Architektur – fand in Wien kaum Möglichkeiten zu bauen, ausgenommen einige, durch klare kubische Formen bestechende Privathäuser. Ein Jahr vor der Entstehung des Porträts veröffentlichte Loos seine berühmt gewordene Anklageschrift „Ornament und Verbrechen". Er war der erste bedeutende Förderer des jungen Kokoschka, verhalf ihm zu Porträtaufträgen und bezahlte ihm 1909 eine Reise in die Schweiz. Seit dem Jahr 1908 verband eine enge Freundschaft die beiden Künstler. Kokoschka schrieb über Loos: „Loos war mein Vergil, der mich durch Himmel und Hölle menschlicher Erfahrung geführt hat … 1908 habe ich ihn kennengelernt und ein Jahr später, als ich schon von der Wiener Werkstätte frei war, habe ich ihn gemalt. Daß Loos in meinen Bildern Kunstwerke sah, habe ich kaum verstanden und faßte es als Schmeichelei auf. Er bestärkte mich eher, in meiner Ansicht zu beharren, daß ich nicht Routine oder Theorien zu verfolgen hätte, sondern daß ich mit meiner Malerei eine Basis finden sollte zum Verständnis meiner Rolle in der Umwelt, Selbsterkenntnis". In das bei Bildnissen ungewöhnliche Querformat ist der mit gefalteten Händen Sitzende als geschlossene Rhombusform einbezogen. Seine Gestalt wächst aus dem nächtlichen Blau des Grundes hervor, die rötlichen und gelblichen Gesichtsflächen scheinen in nervöser Bewegung, über die großen nervigen Hände zuckt ein heftiger Duktus, der sich im knitterigen linken Ärmel fortsetzt. Eine fahle, von unten heraufkommende Beleuchtung gibt der Erscheinung etwas Visionäres, verschärft die Linien und zehrt die Farben weitgehend auf. Dieses Licht verstärkt noch die expressive Ausdrucksgewalt des nervösen Kopfes. PK

30 Emil Nolde (1867–1956)

Pfingsten, 1909.
Öl auf Leinwand, 87 × 107 cm.

Im Jahre 1909 hielt sich Emil Nolde für einige Zeit in dem kleinen Dorf Ruttebüll in Schleswig-Holstein auf. Während er dort allein lebte und arbeitete, erlitt er eine schwere Vergiftung, die ihn an den Rand des Todes brachte. Unmittelbar nach dieser schweren Krankheit malte er seine ersten religiösen Bilder, zu denen als eines der berühmtesten dieses Pfingstbild gehört.
Bis 1909 hatte Nolde Landschaften, Blumen und Bildnisse gemalt. Unter dem Eindruck schwerer Krankheit wandte er sich zum ersten Mal religiösen Bildern zu, die seitdem einen wichtigen Bestandteil seiner Arbeit ausmachen sollten. Die beiden ersten Werke waren das *Abendmahl* (heute im Museum Kopenhagen) und *Pfingsten.* In seinen eigenen Lebenserinnerungen, „Jahre der Kämpfe“ beschrieb Nolde später diese Situation: „Einem unwiderstehlichen Verlangen nach Darstellung von tiefer Geistigkeit, Religion und Innigkeit war ich gefolgt, doch ohne viel Wollen und Wissen oder Überlegung. ... Ich malte und malte, kaum wissend, ob es Tag oder Nacht sei, ob ich Mensch oder Maler nun war. Falls ich am Bibelbuchstaben und am erstarrten Dogma gebunden gewesen wäre, ich habe den Glauben, daß dann ich diese tiefsinnig empfundenen Bilder, *Abendmahl* und *Pfingsten,* so stark nicht hätte malen können. Ich mußte künstlerisch frei sein – nicht Gott vor mir haben, wie einen stahlharten assyrischen Herrscher, sondern Gott in mir, heiß und heilig wie die Liebe Christi. – Mit den Bildern *Abendmahl* und *Pfingsten* erfolgt die Wende vom optisch äußerlichen Reiz zum empfundenen inneren Wert. Marksteine wurden sie.“ Diese Äußerung wurde zwar sehr viel später erst aufgeschrieben, doch zeigt sie auch dann noch die aufgewühlte, ekstatische Verfassung, aus der diese ersten religiösen Werke Noldes entstanden. Nolde hatte sich damit eines seiner wichtigsten Themen eröffnet.
Der letzte Satz verweist auf die Rolle, die *Pfingsten* in der stilistischen Entwicklung Noldes spielte. Unter dem Einfluß van Goghs und in engem Kontakt mit den Malern der „Brücke“ in Dresden hatte Nolde den freien und spontanen Gebrauch der reinen Farbe zu einem heftig bewegten Stil entwickelt. Mit diesen religiösen Bildern von 1910 kam eine Wende zum stabiler flächenhaft komponierten Bild von geradezu archaischer Monumentalität.
Die Ablehnung dieses Bildes in der Ausstellung der Berliner Secession 1910 auf ausdrücklichen Einspruch Max Liebermanns führte zur Gründung der „Neuen Secession“ durch die jungen expressionistischen Künstler. LG

31 Erich Heckel (1883–1970)

Landschaft bei Dresden, 1910.
Öl auf Leinwand, 66,5 × 78,5 cm.

Im Jahre 1905 schlossen sich in Dresden drei junge Architekturstudenten mit einigen Gleichgesinnten zu einer Künstlergruppe zusammen, die sie „Brücke“ nannten und deren Ziel es sein sollte, „alle revolutionären und gärenden Elemente an sich zu ziehen“. Die Architekturstudenten waren Erick Heckel, Ernst Ludwig Kirchner und Karl Schmidt-Rottluff. Alle drei hatten sie beschlossen, ihren studierten Beruf zu verlassen und Maler zu werden. Sie waren, solange die Gruppe bestand, ihr Mittelpunkt, während andere Künstler wie Emil Nolde, Max Pechstein, Otto Müller und der Schweizer Cuno Amiet nur zeitweilig dazugehörten. Gemeinsam durchliefen sie zwischen 1905 und 1910 eine Entwicklung von naturalistischen und symbolistischen Anfängen über Einflüsse des Nachimpressionismus, Gauguins und van Goghs und der französischen Fauvisten zu einem eigenen Stil flächenhaft klarer Malerei in einfachen Formen und reinen Farben. Um 1910 erreichte die gemeinsame Stilentwicklung ihren Höhepunkt. Die Handschriften der Künstler standen sich untereinander näher als jemals wieder. Man nennt diese Phase den „Dresdener Brückestil“.
Heckels *Landschaft bei Dresden* ist ein Werk aus diesem Jahr 1910. Es zeigt vermutlich einen Blick auf die Vorstadt Dresden-Friedrichstadt, in der die „Brücke“-Künstler damals ihre Ateliers hatten. Auch Kirchner hat Ansichten dieses Stadtviertels gemalt. Heckels Bild der Vorstadtlandschaft ist in direkter und spontaner Manier gemalt, eher wie eine Zeichnung statt wie ein ausgearbeitetes Ölbild. Mit schnellem und flüssigem Pinselstrich sind die Flächen farbig ausgemalt und die schwarzen Konturen gezeichnet.
Seit dem Impressionismus sind in der Malerei drei Forderungen mit zunehmender Radikalität vertreten worden, die alle etwas mit der Befreiung der Malerei von darstellerischen Aufgaben zu tun haben: die Forderung nach Autonomie der Bildfläche, d. h. das Bild ist eine ebene Fläche, die nicht mit illusionistischen Mitteln verleugnet, sondern als eigener Wert anerkannt wird; die Forderung nach Autonomie der Farbe, d. h. die Farbe dient nicht dazu, die Illusion anderer Stofflichkeit zu erzeugen, sondern tritt frei mit ihren eigenen Ausdrucksmöglichkeiten auf; und schließlich die Forderung, daß auch das Temperament des Künstlers in seiner Handschrift sich frei verwirklicht. In den Bildern der „Brücke“-Maler um 1910 haben diese Forderungen eine entscheidende Durchsetzung erfahren.

LG

32 Karl Schmidt-Rottluff (1884–1976)

Gutshof in Dangast, 1910.
Öl auf Leinwand, 86,5 × 94,5 cm.

Karl Schmidt-Rottluff gehörte zusammen mit Erich Heckel und Ernst Ludwig Kirchner zu den Gründern und führenden Mitgliedern der Künstlergruppe „Brücke" in Dresden. Sein Bild *Gutshof in Dangast* entstand im selben Jahr 1910 wie das zuvor besprochene Landschaftsbild aus der Umgebung Dresdens von Erich Heckel. Jeder der „Brücke"-Maler vertrat innerhalb der gemeinsamen stilistischen Entwicklung ein eigenes Temperament. Während Heckels und Kirchners Bilder von heftiger Bewegtheit oder nervöser Sensibilität beherrscht waren, erreichte Schmidt-Rottluff eine besondere Ausgeglichenheit und Ebenmäßigkeit, für die dieses Bild ein charakteristisches Beispiel ist. Auf den gleichen malerischen Grundlagen, mit denen Heckel in seinem Bild Bewegung und Gespanntheit erzeugte, schuf Schmidt-Rottluff Ausgewogenheit, Gelöstheit und Ruhe. Das Motiv der Häuser und Bäume um einen Hof, die ausschnitthafte Ansicht eines Gutshofes, füllt die Bildfläche gleichmäßig aus. Die einzelnen Farbfelder greifen mit weichen Umrissen ineinander und bilden ein Ornament von harmonischer Klarheit. Die Flächigkeit des Bildes ist radikal. Es gibt in der farblichen Behandlung keinerlei Unterschiede zwischen Vorder- und Hintergrund. Alles verbindet sich zu einem flächenhaften Muster. Die Farben sind unvermischt und rein eingesetzt und nur noch sehr allgemein an darstellerische Aufgaben gebunden. Der Himmel ist blau, die Bäume sind grün und die Dächer rot. Aber rot sind auch die sonnigen Flekken auf dem Erdboden und blau die Schatten, was beides sicherlich nicht mehr der wirklichen Erscheinung entspricht.

Neben der Großstadt und ihrer Umgebung, die hier durch Werke Heckels und Kirchners vertreten ist, war gerade die ländliche Umwelt ein wichtiges Thema für alle „Brücke"-Maler. Alle verbrachten sie neben ihrem Leben in der Stadt Teile des Jahres auf dem Lande. Zwischen 1907 und 1912 fuhren Schmidt-Rottluff und Heckel regelmäßig gemeinsam nach Dangast, einem Dorf an der oldenburgischen Nordseeküste, nachdem Schmidt-Rottluff zuvor schon mit Emil Nolde auf der dänischen Ostseeinsel Alsen gemalt hatte. Die Nord- und Ostseeküste sollte auch weiterhin Schmidt-Rottluffs bevorzugte Landschaft sein.

LG

33 Ernst Ludwig Kirchner (1880–1938)

Belle-Alliance-Platz, Berlin. 1914.
Öl auf Leinwand, 96×85 cm.

Die beiden zuvor besprochenen Bilder Erich Heckels und Karl Schmidt-Rottluffs vertraten den Malstil der expressionistischen Künstlergruppe „Brücke“ aus dem Jahre 1910, als die Künstler dieser Gruppe eine Phase besonderer stilistischer Gemeinsamkeit durchmachten. Ihrem jeweiligen Wesen entsprechend entwickelten sie sich danach wieder in unterschiedlichen Richtungen auseinander. Nachdem sie 1911 von Dresden nach Berlin übergesiedelt waren – der Grund dafür war sicherlich die größere Weltoffenheit der neuen deutschen Hauptstadt gegenüber der sächsischen Residenzstadt Dresden – löste sich die Gruppe 1913 auf, und jeder nahm seinen eigenen Weg.

Ernst Ludwig Kirchner gilt heute als der führende Künstler der „Brücke“. Eines seiner herausragendsten Themen war die Großstadt, die mit betriebsamen Menschen erfüllte Großstadtstraße ebenso wie die Attraktionen des pulsierenden großstädtischen Lebens, die Nachtclubs, Varietés, Bordelle und der Zirkus. Mit seiner geradezu übernervösen Sensibilität verfolgte er das bewegte, erregte und angespannte Leben der Großstadt und setzte es um in Bilder.

Das Bild vom Belle-Alliance-Platz entstammt einer Zeit, da Kirchner den gemeinsamen „Dresdener Brückestil“ hinter sich gelassen und seinen persönlichen „Berliner Stil“ entwickelt hatte. Charakteristisch für diesen Stil ist in der Komposition die Art und Weise, wie der Platz in extremer Ansicht von oben dargestellt ist und dadurch die umliegenden Baulichkeiten wie in einem Fächer aufgefaltet wurden. Die Zeichnung ist eher spitz und spröde, von nervöser Spontaneität, die Farbigkeit nicht mehr leuchtend wie früher, sondern herb und ohne bunte Komplementärkontraste. In der Regel beschränkte sich Kirchner in seinen Berliner Bildern auf wenige Farbtöne. Die Pinselführung ist nervös schraffierend. Sie vermittelt im Bilde die vibrierende Dynamik des großstädtischen Lebens. Bestimmend in diesem Bild ist der von Häusern umstandene Platz. Die Menschen bewegen sich klein und anonym mit einer eigentümlich eckigen Hilflosigkeit.

Der Belle-Alliance-Platz war früher ein wichtiger Knotenpunkt am südlichen Ende der Berliner Friedrichstraße. Seit der Teilung Berlins hat er seine städtebauliche Rolle eingebüßt und ist heute als Mehringplatz völlig neu bebaut. Nur die eher kleine Siegessäule in der Mitte des Platzes, die in Kirchners Bild zu monumentaler Größe gewachsen war, erinnert heute noch an den alten Platz.

LG

34 Wladimir Tatlin (1885–1953)

Komposition, 1916.
Tempera, Öl und Gouache auf Holz, 52×39 cm.

Der als Sohn eines Ingenieurs in Rußland geborene Künstler ist der eigentliche Begründer des „Konstruktivismus“, der, wie der ihm entgegengesetzte „Suprematismus“ von Malewitsch auch, einer neuen Gesellschaft eine neue Kunst geben wollte, vor allem eine solche, die sich auf eine engere Weise mit dem Leben zu verbinden suchte. Utilitaristisch die eine, idealistisch die andere Strömung, ging von ihnen eine Erneuerungsbewegung der Kunst aus, die auf den Westen, das Bauhaus etwa, übergriff. Tatlin war 1913 mit einer Gruppe von Tänzern über Berlin nach Paris gereist und hatte bei einem Besuch im Atelier von Picasso dessen kubistische Bilder gesehen, die er gleich darauf in vollplastische „contre reliefs“ umwandelte. Unsere Arbeit ist etwas später entstanden und zeigt den Konflikt zwischen zweidimensional kubistischem Bildaufbau und dem angestrebten Objektcharakter der Arbeit. In primitiver Ikonentechnik hergestellt, versucht dieses Objektbild durch unterschiedliche Behandlung der einzelnen Flächen die Flächenillusion zu zerstören und mit dem Umraum in Beziehung zu treten.

Das Werk ist eines der wenigen Originale und, soweit wir wissen, das einzige Ölbild, das sich in einem westlichen Museum nachweisen läßt. Es wurde mit Sondermitteln der Deutschen Klassenlotterie aus der großen Europaratsausstellung „Tendenzen der zwanziger Jahre“ im Jahr 1977 in Berlin erworben.

Der formale Aufbau, die Technik und letztlich auch die Provenienz lassen keinen Zweifel an einer eigenhändigen Arbeit Tatlins. Die kyrillische Aufschrift „Monat Mai“ bezieht sich offensichtlich auf ein persönliches und unter Umständen die Entstehungszeit noch genauer bezeichnendes Motiv. DH

МАЙ

35 George Grosz (1893–1959)

Stützen der Gesellschaft, 1926.
Öl auf Leinwand, 200 × 108 cm.

Grosz, Sohn eines Berliner Gastwirtes, schloß sich früh der Gruppe der Berliner Dadaisten an und trat in den ersten Jahren der Weimarer Republik durch scharfe, sozialkritische graphische Folgen hervor (*Gesicht der herrschenden Klasse*, 1921; *Spießerspiegel*, 1925).

Unser Bild ist eine Zusammenfassung von Typen, wie sie Grosz bereits in vielen graphischen Blättern und Zeichnungen entwickelt hatte. Angeregt durch den in Moskau lebenden Maler Vogeler, der erzählte, in der UdSSR versuche man sich in einer Art synthetischem Realismus, malte Grosz dieses Bild, das eine „Allegorie des deutschen Staates" genannt wurde.

Im Vordergrund der Typus des Chauvinisten. In grauem Zweireiher steht er hinter einem Biertisch, in der Rechten den Säbel einer schlagenden Studentenverbindung, deren Farben er über dem Schlips trägt, in der Linken einen Maßkrug. Vermutlich ist er ein ehemaliger Kavallerieoffizier. Monokel und Ordensband im Revers weisen darauf ebenso hin wie die kleine Reiterfigur in seinem geöffneten Schädel. Die Paragraphen um den Reiter herum charakterisieren ihn wohl auch als „Paragraphenreiter", einen nur dem Buchstaben des Gesetzes verpflichteten Pedanten.

Links neben ihm die Verkörperung der bürgerlichen Presse. Biegsam und anpassungsbereit, doch voll latenter Angriffslust. In der Rechten hält diese Figur den Schreibstift wie einen Dolch, aus den Zeitungen fließt Blut, die heuchlerische Friedensbereitschaft signalisierende Palme ist ebenfalls blutbefleckt. Auf die Denkinhalte dieser Figur, deren Gesichtszüge an den Weimarer Pressezaren Hugenberg erinnert, deutet der umgestülpte Nachttopf.

Rechts schließlich die Verkörperung des Parlaments. In der Linken, die sich auf den Portikus des Reichstages stützt, trägt diese Figur, in der man vielleicht eine Anspielung auf Hindenburg sehen kann, die Farben des alten Reiches, Schwarz-Weiß-Rot. Das Schild „Sozialismus ist Arbeit" gibt einen Wahlslogan der SPD wieder, der sich gegen die Streikaufrufe der Kommunisten wandte. Auf die Bewußtseinslage dieser Figur deutet der dampfende Haufen Kot im Kopf.

Über dieser Dreiergruppe eine Gestalt in schwarzer Robe, die man wohl als Personifikation der Kirche ansprechen darf. Sie predigte scheinbar Friede und Versöhnung, segnet in Wirklichkeit aber das Treiben der anderen Typen, vor allem das der mordenden und brennenden Reichswehr ab, die weiter oben im Bild erscheint. Damit spielt Grosz wohl auf die Niederschlagung der Revolution und ihrer Folgekämpfe in den ersten, wirren Jahren der Republik an.

Man kann das Bild als den Höhepunkt von Grosz' künstlerischer Sozial- und Gesellschaftskritik bezeichnen. In den folgenden Jahren wandte er sich von diesem Motivbereich weitgehend ab, gab ihn nach seiner Emigration in die USA dann vollständig auf.

ME

Sozialismus

36 Otto Dix (1891–1961)

Der Kunsthändler Alfred Flechtheim, 1926.
Mischtechnik auf Holz, 120 × 80 cm.

Alfred Flechtheim, der seit 1919 in Düsseldorf, ab 1922 auch in Berlin eine Galerie unterhielt, war einer der bekanntesten deutschen Kunsthändler seiner Zeit. Die Galerie am Lützowplatz war Ausstellungsort und Umschlagplatz vor allem für die moderne französische Malerei, der Flechtheims Interesse in besonderem Maße galt. Matisse, Braque, Léger, Gris, Picasso und Derain bekam das Berliner Publikum teilweise erst durch ihn zu Gesicht.

Dix war mit der Unterstützung seines Händlers Nierendorf Ende 1925 nach Berlin gekommen. In wessen Auftrag er das Bildnis Flechtheims malte, ist zur Zeit nicht bekannt. Dix zeigt ihn, den Strategen auf dem Feld des internationalen Kunstmarktes, hinter seinen Objekten verschanzt auf engem Raum. An der Wand hinter ihm hängt ein Stilleben von Juan Gris, einem Favoriten Flechtheims, das Dix mit seiner eigenen Signatur zierte. In der Linken hält der Händler einen Braque, mit der Rechten deckt er eine Zeichnung Picassos so ab, daß nur ein paar Striche zu erkennen sind. Mit diesen Blättern erotischen Inhalts scheint der Händler zu spekulieren: erweckt er mit diesen das Interesse des potentiellen Käufers, kann er die gewichtigeren Stücke leichter nachschieben.

Dix, der hier beinahe einen Steckbrief malte, hielt Flechtheim zwar für „habgierig und dekadent", doch geißelte er sicherlich auch die Lüsternheit und Dummheit des Publikums, das in der Kunst und beim Kunsthändler wohl oft auch andere Attraktionen suchte, als die rein künstlerische. So gesehen zeigt das Bild Flechtheim nicht nur als gerissenen, um die Schwächen seiner Kunden wissenden Händler, sondern auch als einen Vorkämpfer der von ihm bewunderten kubistischen Kunst, die er dem Publikum nur schwer nahebringen konnte. Dix selbst stand dieser Richtung eher skeptisch und ablehnend gegenüber, was die ironisch eingesetzte Signatur auf dem Bilde an der Wand signalisiert: so gut wie Juan Gris konnte er es allemal.

ME

37 Laszlo Moholy-Nagy (1895–1946)

Komposition Z VIII, 1924.
Leimfarbe auf Leinwand, 114 × 132 cm.

In dem 1923 von Walter Gropius an das Staatliche Bauhaus berufenen Ungarn hielt ein neuer Künstlertypus Einzug in diese wichtige Ausbildungsstätte der Weimarer Republik: sozial engagiert, wissenschaftlich orientiert, experimentierend und das traditionelle Bild durch neue Materialien und Techniken aufsprengend. Als Teilnehmer am Ersten Weltkrieg wird ihm seine „Verantwortung gegenüber der Gesellschaft bewußt", wie er sich 1919 äußert. „Ist es richtig, in den Zeiten einer sozialen Umwälzung Maler zu werden?" Er unternahm dies, weil seine Begabung, wie er selbst bekannte, in dem Ausdruck seiner „Lebens- und Gestaltungskraft durch Licht, Farbe und Form" lag. Er studierte bei Sandór Bortnyik am Budapester „Mühely", einer Schule, die dem Bauhaus verwandte Züge trug, und stieß zu der Gruppe um Lajos Kassák, der die Zeitschrift „MA" zu einem wichtigen Diskussionsforum konstruktiver Kunst gemacht hatte. „Das neue Massenzeitalter", schreibt Moholy 1922 selbst, braucht den Konstruktivismus, weil es Fundamente braucht, die nicht auf Täuschungen beruhen." Diesem Grundsatz konnte er als Lehrer am Bauhaus folgen und ihn später am „New Bauhaus" in Chicago zusätzlich wissenschaftlich untermauern. Seine experimentelle Arbeitsweise schloß Kinetik, Licht, Film, Foto, die Bühne – er arbeitete vor 1933 für Piscator in Berlin – und das Industrial Design mit ein. Ihn interessierten, wie Marcel Breuer und Herbert Bayer auch, alle Gestaltungsaufgaben des modernen Lebens.

Unser am Bauhaus entstandenes Bild zeigt den Versuch, die zweidimensionale Fläche ohne die üblichen Mittel der Perspektive zu verräumlichen, wobei das Bild durch die ungrundierte Leinwand einen für die Zeit bezeichnenden Objektcharakter erhält. DH

38 Paul Klee (1879–1940)

Abfahrt der Schiffe, 1927.
Öl auf Leinwand, 51 × 65,5 cm.

In den Jahren 1921 bis 1930 war Paul Klee am Bauhaus in Weimar und dann, nach dessen Übersiedlung, in Dessau tätig. Die tägliche Lehre in den Vorkursen und Meisterklassen führte zu einer systematischen Reflektion der eigenen bildnerischen Mittel, die sich in einer Vielzahl von Aufsätzen und Vorlesungsmanuskripten niederschlug, die später unter dem Titel „Das bildnerische Denken" veröffentlicht wurden. Ein Abschnitt dieser Publikation nimmt auf das 1927 entstandene Gemälde *Abfahrt der Schiffe* Bezug. In dem Kapitel „Schöpferische Konfession", dessen Ursprünge in das Jahr 1918 reichen, schrieb Klee: „Ein Mensch des Altertums als Schiffer im Boot, so recht genießend und die sinnreiche Bequemlichkeit der Einrichtung würdigend. Dementsprechend die Darstellung der Alten. Und nun, was ein moderner Mensch, über das Deck eines Dampfers schreitend, erlebt: 1. die eigene Bewegung, 2. die Fahrt des Schiffes, welche entgegengesetzt sein kann, 3. die Bewegungsrichtung und Geschwindigkeit des Stromes, 4. die Rotation der Erde, 5. ihre Bahn, 6. die Bahnen von Monden und Gestirnen drum herum.
Ergebnis: ein Gefüge von Bewegungen im Weltall, als Zentrum das Ich auf dem Dampfer." Die Hauptrichtung, nämlich die Fahrtrichtung, zeigt der rote, energische Pfeil an. Der zeitliche und räumliche Ablauf – ein Gefüge von Bewegungen im Weltall – stellt sich in den gestaffelten Segeln dar, denn jedes einzelne Segel markiert einen ganz bestimmten Punkt dieser Reise, so wie die blauen halbkreisförmigen Figurationen den Weg der Wellen nachzeichnen. Dabei ordnet und systematisiert Klee das Naturvorbild und bringt es in eine einfache, das Individuelle und Zufällige übergreifende Kunstform. In vergleichbarer Weise setzt er die Farbe: das lichte Blau verwendet er nur für das kühle, leblose Wasser und das ferne, erstarrte Gestirn und die warmen Gelb-, Rosa- und Rottöne für die Segelboote, also für die vom Menschen erzeugte und erlebte, vorwärtsschreitende Bewegung, die Grundvoraussetzung allen Lebens ist.

AS

39 Giorgio de Chirico (1888–1979)

Der große Metaphysiker, um 1923/24.
Öl auf Leinwand, 110×80 cm.

Giorgio de Chirico wurde als Sohn eines italienischen Eisenbahningenieurs in Griechenland geboren. Er studierte u.a. einige Jahre in München und lernte dort die Werke Schopenhauers und Nietzsches sowie Böcklins und Klingers kennen. Zunächst in deren Manier malend, wurde ihm der Dienst in einem Lazarett in Ferrara zum Schlüsselerlebnis. Mit dem 1. Weltkrieg ging auch für ihn das alte Europa zugrunde.
Exemplarisch verkörpert dieses Erlebnis *Der Große Metaphysiker*, von 1916 (Museum of Modern Art). Unser Bild ist eine später entstandene und (falsch) vordatierte Fassung dieses Motivs, in dem die „pittura metafisica" des Protosurrealisten gleichsam auf den Begriff gebracht wird. Metaphysisch bedeutete für de Chirico das, was zwischen, hinter den Dingen liegt, also das dem Auge verborgene Wesen der Dinge. Indem er Gegenstände aus ihrer angemessenen Umgebung in eine fremde, andere stellte, oder indem er die vertrauten Dimensionen von Dingen sprengte, versuchte er, sich über dieses Mittel der Verfremdung ihres Wesens neu zu versichern.
Auf dem riesigen, stark fluchtenden Platz erscheint eine Art Standbild. Zusammengesetzt ist es aus Gegenständen, die vielleicht einmal einem nützlichen Zweck gedient haben könnten, etwa dem Sortieren, Messen, Schmücken, also der sinnvollen und schönen Ordnung der Welt. Nun sind sie zu einem wirren, geheimnisvollen Instrumentarium geworden, das dem, der früher vielleicht einmal mit ihnen hatte umgehen können, dem Metaphysiker, über den Kopf zu wachsen beginnt. Dieser selbst ist Gefangener seines Instrumentariums, zur Puppe, zum leblosen Ding erstarrt.
In seinem Roman „Hebdomeros" (1929) schrieb der Maler: „Angesichts der zunehmend materialistischen und pragmatischen Ausrichtung unseres Zeitalters... ist es nicht abwegig, künftig einen gesellschaftlichen Status ins Auge zu fassen, wo der Mensch der einzig um geistiger Freuden willen lebt, kein Recht mehr haben wird, seinen Platz an der Sonne zu beanspruchen. Der Schriftsteller, der Denker, der Träumer, der Dichter, der Metaphysiker, der Beobachter..., wer Rätsel befragt, wertet ... wird zur anachronistischen Figur, der bestimmt ist, wie Ichtyosaurus und Mammut vom Erdboden zu verschwinden."

ME

g. de Chirico
1916

40 René Magritte (1898–1967)

Die fixe Idee (L'idée fixe), 1927.
Öl auf Leinwand, 81 × 115 cm.

Während Magritte in der ersten Zeit den Konflikt, die Unvereinbarkeit von Realität und Fiktion durch die Gegenüberstellung verschiedener, vornehmlich räumlich unterschiedener Bereiche darstellte, konzentrierte er sich etwa um 1927/28 erstmals auf die Konfrontation von Begriff und Abbild der Dinge. Begriffe und Abbilder beschreiben für ihn zwei, oft völlig voneinander verschiedene Bezeichnungssysteme eines Gegenstandes, der nicht mit ihnen deckungsgleich ist. Bekannt geworden ist in diesem Zusammenhang vor allem das Bild *Der Sprachgebrauch*, in dem das Abbild einer Pfeife mit dem Text verbunden wird: „Dies ist keine Pfeife". Die abgebildete Pfeife kann man nicht anfassen, nicht mit ihr rauchen, das Abbild täuscht Realität vor, stellt aber keine dar. In unserem Bild führt Magritte das Verwirrspiel weiter. Vier in traditioneller Art gemalte Bilder werden symmetrisch aneinander geordnet. Jedes einzelne suggeriert ein Stück Realität: das Innere eines Waldes, ein Stück Himmel, eine Hausfassade und einen Jäger, der auf Beute zu lauern scheint. Zwar ist die Darstellungsweise der einzelnen Bilder ganz traditionell, doch nicht ihre Kombination: vier voneinander isolierte Stücke von Realität ergeben noch kein sinnvolles Abbild von Realität. In einem Zusammenhang traditioneller Art würde sich vielleicht eine Landschaft mit Haus und Jäger ergeben, in der Zerstückelung aber bleiben alle voneinander isoliert und das Ganze ohne greifbaren Sinn. Daraus entsteht Verwirrung und Angst. Angst verursachen aber auch die einzelnen Bilder selbst: im Dickicht des Waldes, hinter den Fenstern des Hauses, oben am Himmel lauert vielleicht Gefahr. Der begrenzte Ausblick, der nur einen Teil zeigt, löst Angst aus, weil kein Teil im Zusammenhang mit anderen zu sehen ist. Ausdruck dieser Angst und Verwirrung ist wohl der Jäger, der, ebenfalls vereinzelt, in der anbrechenden Dunkelheit steht. Er scheint etwas zu suchen, woran er sich halten kann, ein Ziel, auf das er sich konzentrieren, etwas, das er erlegen kann, etwas, das die Spannung aufhebt, ihn wieder in gewohnte Zusammenhänge gelangen läßt. Eben das aber ist in diesem Bild nicht möglich, weil er selbst Teil gerade dieser Bildform und Darstellungsweise ist, die Realität verbirgt und dadurch Verwirrung und Angst erzeugt. Er müßte genau das System, dessen Darstellungsform und Symmetrie einen verborgenen Zusammenhang suggerieren, verlassen, um selbst frei sein zu können. Angesichts anderer Kompositionen, in denen das Motiv des Jägers ebenfalls erscheint, stellt sich allerdings auch hier wieder die Frage, ob diese Freiheit gewünscht wird. ME

41 Max Ernst (1891–1976)

Die Auserwählte des Bösen, 1928.
Öl auf Leinwand, 198 × 303 cm.

Im so beunruhigend widerspruchsvollen Kosmos Max Ernsts lassen sich zwei Konstanten feststellen: einmal die unablässigen Metamorphosen menschlicher, tierischer und vegetabiler Formen, zum anderen die überall gegenwärtigen Vogelwesen mit ihrer Aura, die seltsam gemischt erscheint aus lustvoller Heiterkeit und bedrohlicher Dämonie. Beide Merkmale vereint das phantastische Fabelwesen, das der Künstler ironisch-parodistisch *Die Auserwählte des Bösen* (L'élue du Mal) getauft hat. Das Bild ist ein Höhepunkt in der Reihe der kurz zuvor begonnenen „Vogeldenkmäler". Der ironische Titel bezeichnet ein Wesen, das dem Amphibienreich ebenso zugehörig ist wie der Vogelwelt. Seine gekrümmten Reißzähne und das lange Maul scheinen einem Alligator anzugehören, die majestätischen Schwingen einem vorsintflutlichen Vogel Roch. Nicht genug der Irritation: der grüne Körper, die spitzen blattförmigen Teile des Kopfes sowie die stachlige rote Zunge rufen Assoziationen an Kakteen wach. Das doppelköpfige Wesen trägt zwei metallene Brünnen, die einen trompe-l'œil-Effekt des Schattens hervorrufen. Anstoß zu einer solchen hybriden Gestaltgebung könnten Abbildungen von ausgestorbenen Flugeidechsen aus dem Erdmittelalter gegeben haben, fledermausähnliche Wesen, mit großen Kiefern voller kegelförmiger Zähne. Die Augen erfüllen gleichzeitig die Funktion von Gestirnen, fern im Raum, dessen Tiefe ein Mond von giftigem Rot akzentuiert. Ein wüstenähnliches Gelände verstärkt den Eindruck der Fremdheit. Diese Landschaft wirkt wie eine Vorahnung der wüstenartigen Gegend von Arizona, in der sich der Künstler wesentlich später ansiedeln sollte. André Breton wies einmal darauf hin, daß Arbeiten Max Ernsts oft Ereignisse enthalten, die sich erst viel später verwirklichen. Schon seit früher Kindheit spielten in Max Ernsts Leben die Vögel eine geheimnisvolle Rolle. Er selbst hat diese Faszination auf den Tag zurückdatiert, da sein rosa Kakadu starb im Augenblick als seine Schwester Loni geboren wurde. Diese gleichzeitigen Ereignisse erschütterten ihn tief und förderten sein Interesse an der Magie. PK

42 Fernand Léger (1881–1955)

Die beiden Schwestern, 1935.
Öl auf Leinwand, 162 × 114 cm.

Die Nationalgalerie besitzt bisher nur ein kleines und frühes Werk des Künstlers (*Komposition*, entstanden 1920), das Léger nicht seiner Bedeutung entsprechend repräsentiert. Beeinflußt zunächst von Picasso, entwickelt Léger eine ganz eigenständige Variante des Kubismus, den sogenannten „Tubisme", einen Röhrenkubismus, der parallel zum Konstruktivismus aus der Zweidimensionalität des Bildes in eine konkret-räumliche Gestaltung vorzustoßen versucht. So plante er die farbige Gestaltung von Städten und Plätzen und beginnt in den späten 20er und frühen 30er Jahren aus der Formvergitterung des Konstruktivismus ein neues Menschenbild, Konstrukteure, Arbeiter und grobschlächtige Frauen zu entwikkeln, das bei aller Kunsthaftigkeit einfache menschliche Zuständigkeit zu vergegenwärtigen sucht. Dies geschieht im Gegensatz zur biedermeierlichen Ikonographie der neuen Sachlichkeit in Deutschland einerseits und dem gesellschaftskritischen Realismus eines Grosz und Dix andererseits bei Léger in einfacher, fast archaischer Klassizität, darin Picasso und Matisse verwandt, doch ohne die sinnliche Fabulierlust des einen und ohne den oft vordergründigen Hang zum Dekorativen des anderen, stets auf die Herstellung oder besser die Wiederherstellung menschlicher Würde bedacht.

Unser Bild zeigt diese für Léger so typische Haltung auf ganz meisterliche Weise. Es ist ein Hauptwerk des Künstlers, aus dem Besitz des New Yorker Händlers Steven Hahn und wird uns zu einem ganz ungewöhnlich günstigen Preis angeboten. Mit dem Erwerb dieses Bildes ist es möglich, die französische Maltradition von Courbet über Manet, Monet und Renoir in der Nationalgalerie auf höchstem Niveau ins 20. Jahrhundert hinein fortzusetzen.

DH

F.LEGER 35

43 Max Beckmann (1884–1950)

Tod, 1938.
Öl auf Leinwand, 121 × 176,5 cm.

Beckmann zählt zu den wichtigsten deutschen Künstlern der Zeit zwischen den beiden Weltkriegen. Nach einer frühen spätimpressionistischen Schaffensperiode (1904–1905) wandte er sich 1909 dem Expressionismus zu, um dann, von den grauenvollen Ereignissen des ersten Weltkrieges zutiefst berührt, 1917 seine eigene, unverwechselbare Bildsprache zu finden. Er füllt das Bildfeld prall mit Figuren und Realitätsfragmenten, aus denen er eine neue Wirklichkeit zusammensetzt. Der *Tod* und die *Geburt*, 1938 und 1937 in Amsterdam, wohin Beckmann als Entarteter geflüchtet war, entstanden, sind als Gegenstücke zu verstehen. Eine mündliche Überlieferung besagt, daß Beckmann das Bild auf die Nachricht vom Tod Kirchners, den er persönlich nicht kannte, gemalt habe. Das Gemälde gibt die Visionen einer Sterbenden wieder, die Bilder ihres verloschenen Lebens in neuer Zusammenordnung sieht. Beckmann greift zur Darstellung des eigentlich Undarstellbaren auf Vorstellungen aus der angloindischen Theosophie zurück, die im einzelnen sehr kompliziert sind. Zu ihrer Deutung hat F. Fischer, dem wir hier folgen, Entscheidendes beigetragen. Etwas unterhalb der Bildmitte liegt auf einer Art Bahre die Verstorbene. Links davor sitzt eine Krankenschwester, dahinter steht ein Pfleger, daneben ein merkwürdiger, sechsfüßiger Inder. Das ungleiche Paar, eine Frau, die einen großen Fisch umarmt, scheint dem Bild nach rechts zu entschweben. Die Figuren der oberen Bildhälfte stehen auf dem Kopf und heben damit die auf Erden herrschenden Schweregesetze auf. Neben einem Männerchor, dessen Mitglieder durch monströse, verdreifachte Gesichter gekennzeichnet sind, tummeln sich auf einer Bretterbühne allerlei obstruse Mischwesen. Eine ungefähre und grobe Erklärung der merkwürdigen Szenerie gibt uns die Vorstellung der Kama-Loka, des ersten Zustandes nach dem Sterben, der hier dargestellt ist. Denn das Sterben ist ein langwieriger Prozeß, in dem man verschiedene Stadien durchläuft. Das Kama-Loka ist zunächst durch die Erinnerungen an das Leben und dann durch die Verselbständigung unsauberer und ungeordneter Seelenteile gekennzeichnet. Zudem bezeichnet Kama-Loka den Ort der Begierde. Hier sind die Gesetze von Zeit und Raum aufgehoben, die über den Tod hinaus wirksamen Begierden und Leidenschaften – die in diesem Gemälde vor allem in dem Paar „Frau und Fisch" Gestalt finden, sind es, die zu einer Wiederverkörperung führen. Daß Beckmann für die Darstellung des Todes und der Wiederverkörperung eine Frau wählt, scheint auf zweifache Weise sinnvoll: ist sie doch diejenige, die Leben gibt und diejenige, die in stärkerem Maße als der Mann als Objekt der Lust und der Begierde gilt. AS

44 Giorgio Morandi (1890–1964)

Stilleben mit Flaschen, 1940.
Öl auf Leinwand, 47 × 53 cm.

Giorgio Morandi war ein Einzelgänger der Kunstgeschichte. Jahrzehntelang malte er nur Stilleben, immer neue Arrangements der gleichen Gegenstände auf einer Tischplatte. Er begann seine künstlerische Entwicklung in Auseinandersetzung mit den bestimmenden internationalen Strömungen seiner Jugendzeit, mit Cézanne, dem Kubismus, dem Futurismus und der italienischen Pittura Metafisica. Letztere wurde zur entscheidenden Grundlage seiner späteren Stillebenmalerei, denn sie definierte die Einstellung zu den leblosen Dingen, die Morandi seitdem malte.
Im Gegensatz zu den meisten Stilleben seit Beginn dieser Bildgattung Ende des 16. Jahrhunderts bestehen Morandis Stilleben aus künstlichen Gegenständen ohne Assoziation auf Bereiche der Wirklichkeit und ohne irgendwelche anekdotischen Elemente. Morandi tat alles, um das Assoziative und Anekdotische auszuschließen. Seine Gegenstände sind zwar individuell, d.h. sie haben ihre eigene, nicht austauschbare Gegenständlichkeit, und sie erscheinen in individuellen Arrangements, aber ihre Individualität ist künstlich, begrenzt auf das Medium, in dem sie dargestellt sind, und ohne Bezug nach draußen. Sie sind sich selbst genug.
Um seinen Flaschen und Gefäßen, aus denen er im Atelier immer neue Gruppierungen zusammenstellte, jede Beziehung zu ihrer ursprünglichen Herkunft und Funktion zu nehmen, malte Morandi sie an, überstrich sie mit kreidiger Farbe und gab ihnen so die leblos künstliche Gestalt, in der sie dann auch in seinen Bildern erscheinen.
Durch diese künstliche Isolierung schaffte sich Morandi die Möglichkeit zur Konzentration auf ein rein bildnerisches Problem, die räumliche Beziehung der Objekte in flächenhafter Darstellung. Dahinter steht, wie Werner Haftmann es einmal formuliert hat, „die vertiefte Erfahrung der verzauberten Stille der Form und der Lyrik des einfachen Gegenstandes“.

LG

Morandi 940

45 Karl (Carl) Hofer (1878–1955)

Die schwarzen Zimmer, 1943.
Öl auf Leinwand, 149 × 110 cm.

In kahlen, zellenartigen Räumen bewegen sich zum Takt, den ein Trommler schlägt, schattenhafte männliche Figuren. Die Atmosphäre ist bedrückend, die engen Zimmer bieten keinen Ausweg ins Freie, ein Ziel dieser Wandernden ist nicht erkennbar. Sie scheinen Gefangene in den vergitterten Räumen eines Zuchthauses. Das Bedrückende der verschachtelten Räume signalisieren unterschiedliche Fensterhöhen und aufgebrochene Wände. Die darin Eingeschlossenen werden zu anonymen, ihrer Umwelt entfremdeten Wesen. Bedrohlich ragt vor dem Fenster ein übergroßer Mann auf und versperrt den Ausblick. Das Geschehen hat etwas Zwanghaftes, die Figuren agieren wie in Trance, ohne jede Beziehung zueinander. Der mahnende Trommler scheint ein Verhängnis anzukündigen und die Gestalten zugleich zu ihrer fluchtartigen Bewegung anzutreiben. Die erste Fassung dieser alptraumhaften Vision malte Hofer bereits 1928. Um diese Zeit entstanden noch zwei weitere unheilverkündende Werke: *Yellow Dog Blues* und *Selbstbildnis mit Dämonen*, die unvermittelt in die abgeklärte, klassische Themenwelt Hofers einbrachen. Der Maler hatte den heraufziehenden „politischen Gifthorizont“ klar erkannt. Zur eindrucksvollsten Metapher für das Kommende wurden *Die schwarzen Zimmer*. Über das Phänomen solcher Vorausschau in seinen Bildern schrieb Hofer: „Der Künstler ist ein geistiger Seismograph, der das kommende Unheil voraussagt. Das geschieht nicht nur in meinem Werk.“ Als die 1. Fassung 1943 zusammen mit Hofers Berliner Atelier verbrannte, ging der Künstler unverzüglich daran, nach einem Foto diese Wiederholung zu malen. Darüber schrieb er: „Die Jahrtausende alte Prophezeiung des Nostradamus von den Vögeln mit den ehernen Schwingen, die die Erde mit Feuer vernichten, begann sich zu erfüllen. Im März 1943, beim ersten Großangriff auf Berlin, ging mein Atelier mit allen Werken und allem, was mich an ein früheres Leben band, in Flammen auf. Vier Tage danach stand ich mit neuem Material vor einer neuen Staffelei in einem kleinen Zimmer meiner Wohnung, die im November des gleichen Jahres ebenfalls den Flammen zum Opfer fiel.“

PK

46 Salvador Dali

Frau Isabel Styler-Tas (Melancolia), 1945.
Öl auf Leinwand, 65,5 × 86 cm.

In den vierziger Jahren, die der Spanier Salvador Dali in Amerika verbrachte, nahm er auch einige Auftragsarbeiten an, Bildnisse von seinerzeit bekannten Persönlichkeiten der Gesellschaft, wie zum Beispiel Helena Rubinstein. Das Porträt von Isabel Styler-Tas, der Tochter des Amsterdamer Juwelenhändlers Louis Tas, wurde 1945, als sie in Beverly Hills lebte, in Auftrag gegeben. Wir sehen die als hochnäsig und unbeweglich gekennzeichnete Frau vor einer weiten, surreal wirkenden Landschaft. Das Vorbild liegt auf der Hand: Piero della Francescas Herzog und Herzogin von Urbino, die jedoch vor dem eigenen Herzogtum dargestellt sind, während die menschenleere Traumlandschaft Dalis wie ein Vorland zum Reich des Todes wirkt. Anders auch als bei den Bildnissen Pieros ist Frau Styler mit sich selbst in Gestalt einer Versteinerung konfrontiert, die nur mühsam zu erklimmen ist. Auf der Brust trägt sie ein großes Schmuckstück, das Züge der Gorgo Medusa aufweise, des sagenhaften Ungeheuers, dessen Anblick tötete. Diese Anspielungen ebenso wie der von Dali hinzugefügte Untertitel „Melancolia“, der an Dürers berühmten Kupferstich erinnert, in dem die Melancholie als Temperament und als Gemütsverfassung interpretiert wird, können nur als ironische Bemerkungen zu einer der reichsten Damen der Gesellschaft aufgefaßt werden. AS

47 Wols (Alfred Otto Wolfgang Schulze) (1913–1951)

Malerei, 1946/47.
Öl auf Leinwand, 80×80 cm.

Wolfgang Schulze, der zunächst als Musiker und Fotograf gearbeitet hat, beginnt erst im Exil, im französischen Internierungslager, mit der Malerei. Er bezeichnete sich bewußt als Autodidakt und nicht professioneller Künstler. Dennoch unterliegt seine Malerei Einflüssen, die vor allem dem Umkreis des französischen Surrealismus entstammen. Die Theoretiker des Surrealismus haben gegenüber der traditionellen, rational orientierten Malerei die Bedeutung des Unterbewußten im Schaffensprozeß hervorgehoben und in ihren Kunstwerken thematisiert. Eine der Methoden des Surrealismus ist die sogenannte „écriture automatique". Durch schnelles Malen und Zeichnen wird hierbei versucht, den Einfluß des Bewußtseins und damit die rationelle Kontrolle beim Schaffensprozeß soweit wie möglich zurückzudrängen, um so allein das Unterbewußtsein zum bestimmenden und handelnden Element beim Malprozeß werden zu lassen. Damit wird der Künstler letztlich zu einem Medium einer ihm sich verdichtenden Welt- und Geisteserfahrung. Diese gleichsam „innere Sicht" der Welt und ihre Darstellung in und als Malerei ist das Ziel der Kunst von Wols.

Die Komposition ist mehr oder weniger einem durch unterbewußte Steuerung hervorgerufenen Zufall unterworfen. Wobei der hier positiv zu verstehende Zufall im Werke Wols' das ermöglicht darzustellen, was W. Haftmann einmal als „jenes Zwischenreich, wo das Wirkliche und das Vorgestellte aufhören, als Widersprüche zu erscheinen" bezeichnet hat. Damit erreicht die Malerei von Wols eine existentiell erfahrbare Identität von Dargestelltem und dem Darstellen als Malakt selbst. MP

48 Ernst Wilhelm Nay (1902–1968)

Mélisande, 1948.
Öl auf Leinwand, 90×60 cm.

Der Name Mélisande führt uns in den Bereich der Sage, des Mythos und des Bukolischen, das den meisten Nayschen Bilderfindungen des Jahres 1948 zugrunde liegt und das auch in anderen Bildtiteln wie „Kythera“, „Oberon“, „Prometheus“ und „David“ seinen Ausdruck findet. Mélisande ist eine symbolische Figur. Die schöne, halb überirdische Frau, deren Herkunft man nicht kennt, bringt Unheil. Das märchenähnliche, wohl auf eine alte flämische oder bretonische Sage zurückgehende Stück von Maeterlinck wurde von Debussy vertont und gelangte 1902 als „Pelléas und Mélisande“ zur Aufführung. Ob Nay sich auf die Sage oder Debussys Oper bezieht, muß dahingestellt bleiben – hatte er doch die meiste Zeit des Krieges in Le Mans verbracht – auf gar keinen Fall ist jedoch das Bild im Sinne einer Illustration aufzufassen. Vielmehr ging es Nay darum, für den menschlich-mythischen Gehalt ein farbliches und formales Äquivalent zu finden. Die starke, bengalische Leuchtkraft des Grün-Gelb-Rot-Rosa-Klanges mag das Übersinnliche und Zauberische bezeichnen, während die dunkelbraunen und schwarzen Vierecks- und Dreiecksformen an den dunklen Wald erinnern, in dem Mélisande aufgefunden wurde. Bei längerem Betrachten kristallisieren sich dann auch einzelne gegenständlich deutbare Motive heraus: ein Dachgiebel mit einem Fenster, aus dem Mélisande mit ihren langen, goldenen Haaren herausgeschaut hat, ein Gesicht usw. Das Gemälde gehört in die Jahre des Umbruchs, denn in der folgenden Zeit zielt Nays Interesse immer mehr auf eine Verdrängung des Gegenständlichen zugunsten einer freien Entfaltung der Farbe, die anfangs noch von einem tektonischen Gerüst gegliedert wird.

AS

49 Willi Baumeister (1889–1955)

Montaru 8, 1953.
Öl auf Hartfaserplatte, 130 × 100 cm.

Wie Schlemmer war Baumeister Schüler A. Hoelzels und O. Meyer-Amdens. In den zwanziger Jahren beschäftigte ihn eine geometrisierende Figuration, die zur großen Wandgestaltung drängte, jedoch von den Zeitereignissen vereitelt wurde. Denn auch Baumeister galt bald als „Entarteter“. In der Abgeschlossenheit des Ateliers läßt Baumeister das Figürlich-Gegenständliche zunehmend hinter sich. Ende der 30er Jahre entstehen die „Ideogramme“, psychische Zeichen, die Ähnlichkeiten zu urzeitlichen, assyrischen, sumerischen, in Einzelfällen auch chinesischen Schriftzeichen aufweisen. Auch in den folgenden Jahren fabuliert Baumeister mehr oder weniger abstrakt über Mythisches – so zum Beispiel Gilgamesch – und – darin Miró nahe – über Unbewußtes, das erst während des Malens Gestalt findet. In diesen Zusammenhang gehört auch die Serie der Montaru-Bilder (1953 bis 54). Montaru ist – mag das Wort auch Vorzeitliches wachrufen – ein erfundener Name, der sich von mons (Berg) ableitet und Baumeister selbst an den biblischen Berg Ararat erinnerte. Die Bilder – im Hochformat als auch im Querformat – werden durch große und unregelmäßig ausgefranste schwarze Flächen bestimmt, die gleichsam wie Kontinente über bunten Streifen schwimmen. „Die Wurzelfasern und andere Auswüchse“, sagt Baumeister, „geben eine zeitliche Bewegung an. Dadurch und durch die hinter dem Schwarz hervorbrechenden, farbigen Protuberanzen wird vermieden, daß der dunkle Körper als Loch, als Tiefendimension gesehen wird. Das Schwarz muß matt sein (und wurde von Baumeister zu diesem Zweck mit Buttermilch bearbeitet), denn die geringste Reflexion darauf zerstört schon den beabsichtigten Eindruck.“ Über die formal-philosophische Dimension der Serie schreibt er an anderer Stelle: „Das Beispiel der Montaru-Bilder zeigt, daß die große Form als Zentralform auftritt, man könnte sie als monumentalen Formsolisten in der Bildmitte ansprechen, diesem wirkt jedoch folgendes entgegen: diese schwarze Mitte hat neben der monumental-solistischen Eigenschaft auch die Eigenschaft des Nichts, des Vakuums, der Leere … So wird hier eine Wirkung und Gegenwirkung in einer einzigen Form erzeugt.“ AS

50 Serge Poliakoff (1906–1969)

Komposition mit roten und gelben Formen, 1963.
Öl auf Leinwand, 157 × 127 cm.

Serge Poliakoff wurde 1906 in Moskau geboren. Durch sein traditionsgebundenes Elternhaus lernt der junge Poliakoff frühzeitig das künstlerische und geistige Leben seiner Zeit kennen. Zunächst richtet sich sein Interesse auf die Musik. Er erlernt das Gitarrespielen und begleitet seine Tante, eine berühmte Sängerin, auf vielen Konzerttourneen durch ganz Europa.

Im Jahr 1919 wandert Poliakoff nach Paris aus. Zur gleichen Zeit beginnt er als Autodidakt mit der Malerei. Bei seinem kurzen Aufenthalt in London besucht er die Slade School of Art. Den größten Einfluß übten dann aber nach seiner Rückkehr nach Paris Kandinsky und vor allem das Ehepaar Robert und Sonia Delaunay aus, an deren wöchentlichen gemeinsamen Malstunden er regelmäßig teilnimmt.

Schon frühzeitig setzt sich seine Malerei von der seiner Zeitgenossen ab, die ebenfalls wie er den Weg in und zur abstrakten Malerei suchen. „Ich glaube an die abstrakte Kunst, denn sie erlaubt, sich in der Freiheit des Geistes zu entfalten."

Während jedoch insbesondere Delaunay, das malerische Formenvokabular durch die „Abstrahierung" der gegenständlichen Welt erstellt und mit dem traditionell komponierten Bild zu vereinen sucht, baut Poliakoff seine Bilder aus ungegenständlichen Farbflächen auf. Die einzelnen Farbfelder haben keinerlei gegenständlichen Bezug. Sie sind neutral und ergeben im Kontext mit anderen gleichbedeutenden Flächen ein harmonisches abgeschlossenes Bildgefüge.

Poliakoffs Bildkomposition ist auf ein einfaches auf die Bildmitte bezogenes Schema reduziert. Unregelmäßige Farbflächen von durchscheinender, gleichsam vibrierender Farbigkeit werden vom Bildrand sich zur Bildmitte orientierend ohne erkennbare Ordnung zusammengefügt. Ebenso steigert sich die Intensität der Farbigkeit zur Bildmitte. Es entsteht der Eindruck eines sich von außen nach innen entwickelnden harmonischen Gefüges, gleich einem natürlichen Organismus, der an keiner Stelle eine Störung oder Unregelmäßigkeit aufweist. Auf der anderen Seite suggerieren die einzelnen Farbformen eine Räumlichkeit von Vor- und Hintereinander, die aber sogleich wieder in das Gesamtgefüge der Bildfläche zurückgeholt und integriert werden. Durch diese vollkommene Harmonisierung der Farbflächen und der Bildkomposition strahlen die Bilder Poliakoffs eine starke Ruhe und Innerlichkeit aus. Poliakoff selbst hat von der abstrakten Kunst einmal gesagt: „Die abstrakte Kunst kommt mehr aus dem Inneren und geht mehr ins Innere."

MP

51 Mark Rothko (1903–1970)

Reds Number 5, 1961.
Öl auf Leinwand, 177,8 × 160 cm.

Der 1903 in Rußland geborene und 1913 in die USA ausgewanderte Maler Mark Rothko gehört neben Barnet Newman und Morris Louis zu den eindringlichsten Künstlern, die nach 1945 die Absolutheit der Farbe zum Inhalt ihrer Malerei gemacht haben. Wie viele amerikanische Künstler war Rothko zunächst durch die Malerei des Surrealismus beeinflußt, die durch mehrere europäische Emigranten in den USA zu den einflußreichsten Kunstrichtungen zählte. Um 1950 fand Rothko zu der Malerei, für die das Bild *Reds Number 5*, das neun Jahre vor seinem Tod entstanden ist, ein exemplarisches Beispiel ist.

Auf einer rotgetränkten Leinwandfläche sind drei waagerecht übereinander gelagerte rote Flächen angeordnet. Alle drei Flächen sind verschieden groß und unterschiedlich intensiv in der Farbgebung. Gemeinsam haben sie aber eine so starke Ausdehnung, daß sie nahezu das gesamte Bildfeld füllen. Die Konturen der Teilflächen sind fließend unscharf und lassen untereinander und am Bildrand nur schmale Streifen des Grundes frei. Dadurch heben sich die Farbflächen nicht vom Grund ab, sondern sie treten in ein Wechselverhältnis von vibrierenden und pulsierenden Farbflächen auf einem nicht genau lokalisierbaren Grund. So wie die Flächen untereinander keinen klaren Kontur bilden, scheint das Gesamtbild an den Bildrändern keine klaren Grenzen zu besitzen. Es geht vielmehr in ein Spannungsverhältnis zur Wand über und damit zum Raum. Durch dieses direkte In-den-Raum-Hineinwirken des Bildes wird der Betrachter ganz entschieden in die Direktheit der Farbwirkung einbezogen. Die schwebende, gleichsam nur als Erscheinung vorhandene Farb-Formgebung ermöglicht dem Betrachter eine von rationalem Empfinden befreite Versenkung in die transparente Erscheinung des Bildes. Die von Rothkos Malerei angebotene Erfahrung ruft beim Betrachter ein metaphysisches Verhalten gegenüber einer vom Künstler geschaffenen Realität, dem Bild, hervor, die Rothko selbst einmal als „tragic and timeless" (tragisch und zeitlos) bezeichnet hat. Rothko hat damit eine der extremsten Möglichkeiten von Wirklichkeitserfahrung im Kunstwerk geschaffen. MP

52 Frank Stella (1936)

Sanbornville I, 1966.
Fluoreszierende Alkyd- und Epoxitfarbe auf Leinwand, 371 × 264 × 10 cm.

Zusammen mit Donald Judd, dem Hauptvertreter der Minimal Art, und Ellsworth Kelly, dem Begründer der Hard Edge-Malerei, gehört Frank Stella zu den jungen amerikanischen Künstlern, die der malerischen „Post Painterly Abstraction", der Farbfeld- und Aktionsmalerei, eine objektivere, klare und genau definierende Form zu geben versuchten.
Ausgehend vom „all-over"-Prinzip Pollocks, einer das Bild gleichmäßig überziehenden und sich innerbildlich formal nicht verselbständigenden Formvorstellung, identifiziert er bereits 1958 in seinen „Black Paintings" den geometrisch beruhigten Malgestus so mit dem Bildfeld, daß die Bildfeldgrenze gleichzeitig auch als die Grenze der im Bild entwickelten Struktur erscheint. Darstellung und Dargestelltes fallen in eins zusammen. Das Bild will nicht mehr sein und will damit seine Abkehr vom alten Illusionsbild kennzeichnen. So kommt er bereits 1960 zu seinen typischen „Shaped Canvases", in denen er alles das aus dem Bild wegschneidet, was nicht aus der innerbildlichen Form heraus zu erklären ist.
Unser Bild gehört in die „Irregular Polygon Series", die Stella vom Frühjahr 1965 bis zum Sommer 1967 malte. Diese Serie besteht aus elf verschiedenen Kompositionen, die Städtenamen aus New Hampshire tragen. Jede dieser Konstellationen wurde in vier verschiedenen Farbvariationen ausgeführt. Eine Variante unseres Bildes besitzt das Landesmuseum in Münster. Stella versucht in dieser Serie, die Zweidimensionalität des Bildes aufzubrechen und die aus gleichseitigen Dreiecken entwickelten Formen mit dem Raum zu verbinden. Die Härte und auch Kompromißlosigkeit der Konzeption ist typisch für die New Yorker Schule der sechziger Jahre. DH

53 Francis Bacon (1909)

Porträt der Isabel Rawsthorne in einer Straße von Soho, 1967.
Öl auf Leinwand, 198 × 147 cm.

Bacon stammt aus Dublin. Durch sein Elternhaus künstlerisch in keiner Weise gefördert, entschließt er sich nach einer Tätigkeit als Innendekorateur Ende der zwanziger Jahre Maler zu werden. Er beginnt als Autodidakt und findet schnell zu dem Thema, das sein gesamtes Werk bestimmt: der deformierte und von Angst besessene Mensch. Neben Zeitungsfotografien von schreienden und exaltierten Rednern läßt er sich von Filmszenen, zum Beispiel Eisensteins „Panzerkreuzer Potemkin" (1925) und einzelnen Figuren der Kunstgeschichte, Poussins „Kindermord von Bethlehem", Rembrandts flüchtigen Selbstbildnissen, Fuesslis grauenerregenden Nachtmaren, van Goghs Porträts und Picassos surrealistischen Frauen am Strand anregen. Von Anbeginn zielt Bacon darauf ab, in Serien zu malen; ein und dasselbe Modell in verschiedenen Bewegungssituationen einzufangen, manchmal in einem Bild, häufiger in Triptychen. Dabei nimmt er sich meist ein Foto zur Hilfe, um sich dem Vorbild gegenüber freier zu fühlen, es, nach seinen eigenen Worten, wiederzuerschaffen. Auch von Isabel Rawsthorne, geb. Lambert, einer Malerin, die mit dem Komponisten Alan Rawsthorne verheiratet war, existiert solch ein Foto. Seit 1964 malt Bacon sie immer wieder. Die Nationalgalerie besitzt neben diesem ganzfigurigen Porträt noch ein zweites Bild aus demselben Jahr, *Drei Studien der Isabel Rawsthorne.* In dem großen Gemälde steht die Malerin in einer Art von Drehtür, einem durchsichtigen Käfig; ein Motiv, das wie auch die Glasscheibe bei Bacon des öfteren wiederkehrt und als Zeichen für das Gefangensein und die Abgeschlossenheit des modernen Menschen aufzufassen ist. Verglichen mit anderen, insbesondere späteren Arbeiten, erscheint die Gestalt von Isabel Rawsthorne wenig verzerrt und entstellt. Der Porträtcharakter bleibt erhalten, wenn auch die Auflösung der Figur, besonders einprägsam an den äußeren Gliedmaßen und im Gesicht jene animalische, jegliche Individualität vernichtende Schicht freilegt, die uns mit Grauen erfüllt; ist sie doch der Spiegel unserer eigenen Menschlichkeit.

AS

Tafelverzeichnis

1 Gottlieb Schick (1776–1812)
Porträt der Heinrike Dannecker (1773–1823), 1802.
Öl auf Leinwand, 119×100 cm
Inv. Nr. A II 840, NG 1762

2 Friedrich Overbeck (1789–1869)
Der Maler Franz Pforr, um 1810/12.
Öl auf Leinwand, 62×47 cm
Inv. Nr. A II 381, NG 1002

3 Josef Anton Koch (1768–1839)
Wasserfälle bei Subiaco, 1813.
Öl auf Holz, 58×68 cm
Inv. Nr. A I 407, NG 554

4, 5 Caspar David Friedrich (1774–1840)
Der einsame Baum (Dorflandschaft bei Morgenbeleuchtung), 1822;
Mondaufgang am Meer, 1822.
Beide Gemälde Öl auf Leinwand, 55×71 cm
Inv. Nr. NG 77 und NG 78

6 Karl Friedrich Schinkel (1781–1841)
Spreeufer bei Stralau, 1817.
Öl auf Leinwand, 262×74 cm
Inv. Nr. NG Wolzogen A 15

7 Eduard Gaertner (1801–1877)
Parochialstraße (ehem. Reetzengasse), 1831.
Öl auf Leinwand, 39×29 cm
Inv. Nr. NG 81

8 Karl Blechen (1798–1840)
Das Innere des Palmenhauses, 1832.
Öl auf Papier, auf Leinwand aufgezogen, 64×56 cm
Inv. Nr. A I 617

9 Karl Spitzweg (1808–1885)
Der arme Poet, 1839.
Öl auf Leinwand, 35×44 cm
Inv. Nr. A I 1032, NG 1118

10 John Constable (1776–1837)
Das Haus des Admirals in Hampstead, gen. „The Grove", 1821 22.
Öl auf Leinwand, 60×50 cm
Inv. Nr. A I 850, NG 889

11 Carl Rottmann (1797–1850)
Schlachtfeld bei Marathon, um 1849.
Öl auf Leinwand, 91×90,5 cm
Inv. Nr. A I 209, NG 282

12 Adolph von Menzel (1815–1905)
Das Balkonzimmer, 1845.
Öl auf Pappe, 58×47 cm
Inv. Nr. A I 1744, NG 845

13 Adolph von Menzel (1815–1905)
Das Flötenkonzert, 1852.
Öl auf Leinwand, 142×205 cm
Inv. Nr. A I 206, NG 219

14 Anselm Feuerbach (1829–1880)
Ricordo di Tivoli, 1866/67.
Öl auf Leinwand, 194×131 cm
Inv. Nr. A I 732, NG 835

15 Hans von Marées (1837–1887)
Die Ruderer, 1873.
Öl auf Leinwand, 136×167 cm
Inv. Nr. A I 1024, NG 1224

16 Hans von Marées (1837–1887)
Die Lebensalter, um 1878.
Öl und Eitempera auf Holz, 98×87 cm
Inv. Nr. NG 960

17 Arnold Böcklin (1827–1901)
Selbstbildnis mit fiedelndem Tod, 1872.
Öl auf Leinwand, 75×61 cm
Inv. Nr. A I 633, NG 772

18 Gustave Courbet (1819–1877)
Die Welle, 1870.
Öl auf Leinwand, 112×144 cm
Inv. Nr. A I 967, NG 891

19 Wilhelm Leibl (1844–1900)
Dachauerin mit Kind, 1873/74.
Öl auf Holz, 86×68 cm
Inv. Nr. A I 824, NG 947

20 Claude Monet (1840–1926)
St. Germain l'Auxerrois, 1866.
Öl auf Leinwand, 79×98 cm
Inv. Nr. A 1 984, NG 998

21 Claude Monet (1840–1926)
Sommer, 1874.
Öl auf Leinwand, 57×80 cm
Inv. Nr. A I 1013, NG 1146

22 Pierre Auguste Renoir (1841–1919)
Im Sommer, 1868.
Öl auf Leinwand, 85×59 cm
Inv. Nr. A I 1019, NG 1073

23 Edouard Manet (1832–1883)
Im Wintergarten (Dans la serre), 1879.
Öl auf Leinwand, 115×150 cm
Inv. Nr. A II 550, NG 693

24 Edouard Manet (1832–1883)
Der Fliederstrauß, um 1882.
Öl auf Leinwand, 54×42 cm
Inv. Nr. A II 379, NG 1333

25 Max Liebermann (1847–1935)
Stevenstift in Leyden, 1889.
Öl auf Leinwand, 78×100 cm
Inv. Nr. FNG 1/78

26 Lovis Corinth (1858–1925)
Donna Gravida, 1909.
Öl auf Leinwand, 95×79 cm
Inv. Nr. A II 143, NG 1262

27 Max Slevogt (1862–1932)
Zitronenstilleben, 1921.
Öl auf Leinwand, 64×80 cm
Inv. Nr. A II 500, NG 1588

28 Edvard Munch (1863–1944)
Harry Graf Kessler, 1906.
Öl auf Leinwand, 200×84 cm
Inv. Nr. B 50, Gal. 20. Jh. Nr. 172

29 Oskar Kokoschka (1886)
Der Wiener Baumeister Adolf Loos, 1909.
Öl auf Leinwand, 74×91 cm
Inv. Nr. A II 448, NG 1482

30 Emil Nolde (1867–1956)
Pfingsten, 1909.
Öl auf Leinwand, 87×107 cm
Inv. Nr. NG 7/74

31 Karl Schmidt-Rottluff (1884–1976)
St. Germain l'Auxerrois, 1866.
Öl auf Leinwand, 79×98 cm
Inv. Nr. B 86a, Gal. 20. Jh. Nr. 198

32 Erich Heckel (1883–1970)
Landschaft bei Dresden, 1910.
Öl auf Leinwand, 66,5×78,5 cm
Inv. Nr. B 30, Gal. 20. Jh. Nr. 83

33 Ernst Ludwig Kirchner (1880–1938)
Belle-Alliance-Platz, Berlin, 1914.
Tempera auf Leinwand, 96×85 cm
Inv. Nr. B 129, Gal. 20. Jh. Nr. 123

34 Wladimir Tatlin (1885–1953)
Komposition, 1916.
Tempera, Öl und Gouache auf Holz, 52×39 cm
Inv. Nr. B 1100

35 George Grosz (1893–1959)
Stützen der Gesellschaft, 1926.
Öl auf Leinwand, 200×108 cm
Inv. Nr. NG 4/58

36 Otto Dix (1891–1961)
Der Kunsthändler Alfred Flechtheim, 1926.
Mischtechnik auf Holz, 120×80 cm
Inv. Nr. NG 46/61

37 Laszlo Moholy-Nagy (1895–1946)
Komposition Z VIII, 1924.
Leimfarbe auf Leinwand, 114×132 cm
Inv. Nr. NG 5/59

38 Paul Klee
Abfahrt der Schiffe, 1927.
Öl auf Leinwand, 51×65,5 cm
Inv. Nr. NG 22/67

39 Giorgio de Chirico (1888–1979)
Der große Metaphysiker, um 1923/24.
Öl auf Leinwand, 110×80 cm
Inv. Nr. B 770

40 René Magritte (1898–1967)
Die fixe Idee (L'idée fixe), 1927.
Öl auf Leinwand, 81×115 cm
Inv. Nr. 12/75

41 Max Ernst (1891–1976)
Die Auserwählte des Bösen, 1928.
Öl auf Leinwand, 198×303 cm
Inv. Nr. B 893

42 Fernand Léger (1881–1955)
Die beiden Schwestern, 1935.
Öl auf Leinwand, 162×114 cm
Inv. Nr. 3/79

43 Max Beckmann (1884–1950)
Tod, 1938.
Öl auf Leinwand, 121×176,5 cm
Inv. Nr. B 80, Gal. 20. Jh. Nr. 18

44 Giorgio Morandi (1890–1964)
Stilleben mit Flaschen, 1940.
Öl auf Leinwand, 47 × 52,8 cm
Inv. Nr. B 913

45 Karl (Carl) Hofer (1878–1955)
Die schwarzen Zimmer, 1943.
Öl auf Leinwand, 149 × 110 cm
Inv. Nr. B 2, Gal. 20. Jh. Nr. 100

46 Salvador Dali
Frau Isabel Styler-Tas (Melancolica), 1945.
Öl auf Leinwand, 65,5 × 86 cm
Inv. Nr. B 359, Gal. 20. Jh. Nr. 36

47 Wols (Alfred Otto Wolfgang Schulze) (1913–1951)
Gelbe Komposition, 1946–47.
Öl auf Leinwand, 72 × 91 cm
Inv. Nr. B 1042

48 Ernst Wilhelm Nay (1902–1968)
Mélisande, 1948.
Öl auf Leinwand, 90 × 60 cm
Inv. Nr. B 236, Gal. 20. Jh. Nr. 178

49 Willi Baumeister (1889–1955)
Montaru 8, 1953.
Öl auf Hartfaserplatte, 130 × 100 cm
Inv. Nr. B 134, Gal. 20. Jh. Nr. 14

50 Serge Poliakoff (1906–1969)
Komposition mit roten und gelben Formen, 1963.
Öl auf Leinwand, 157 × 188 cm
Inv. Nr. 28/68

51 Mark Rothko (1903–1970)
Reds Number 5, 1961.
Öl auf Leinwand, 177,8 × 160 cm
Inv. Nr. B 896

52 Frank Stella (1936)
Sanbornville I, 1966.
Fluoreszierende Alkyd- und Epoxitfarbe auf Leinwand, 371 × 264 × 10 cm
Inv. Nr. B 1063

53 Francis Bacon (1909)
Porträt der Isabel Rawsthorne in einer Straße von Soho, 1967.
Öl auf Leinwand, 198 × 147 cm
Inv. Nr. B 897

Literatur

Kataloge:

Kataloge der Gemäldesammlung des Joachim Heinrich Wilhelm Wagener von 1828 bis 1873

Verzeichnisse und Kataloge der Nationalgalerie von 1876 bis 1934

Lionel von Donop: Katalog der Handzeichnungen, Aquarelle und Ölstudien in der Königlichen National-Galerie, Berlin 1902

Hans Mackowsky: Führer durch die Bildnis-Sammlung, Berlin 1929

Paul Ortwin Rave: Das Rauch-Museum in der Orangerie des Charlottenburger Schlosses, Berlin 1930

Paul Ortwin Rave: Das Schinkel-Museum und die Kunst-Sammlungen Beuths, Berlin 1931

Die wichtigsten Erwerbungen in den Jahren 1933 bis 1937, Berlin 1938

Adolf Jannasch: Galerie des 20. Jahrhunderts, Berlin von 1953 bis 1962

Verzeichnis der Gemälde und Bildwerke der Nationalgalerie Berlin in der Orangerie des Schlosses Charlottenburg von 1961 bis 1966

Verzeichnis der Vereinigten Kunstsammlungen Nationalgalerie (Preußischer Kulturbesitz) / Galerie des 20. Jahrhunderts (Land Berlin), Berlin 1968

Neuerwerbungen der Nationalgalerie 1967–1972, Berlin 1972

Verzeichnis der Gemälde und Skulpturen des 19. Jahrhunderts, Nationalgalerie Berlin, Staatliche Museen Preußischer Kulturbesitz, Berlin 1976

Freunde danken Werner Haftmann. Ausstellung der Schenkungen an die Nationalgalerie, Berlin 1976

Deutsche Zeichnungen der klassischen Moderne aus der Nationalgalerie Berlin. Berlin 1976–77

Edward Kienholz: „Volksempfängers", Berlin 1977

Edward Munch: Der Lebensfries für Max Reinhardts Kammerspiele, Berlin 1978

Nationalgalerie Berlin – 10 Jahre im neuen Haus, Bonn-Bad Godesberg/Berlin 1978–79

Schriften:

Werner Haftmann: Die Neue Nationalgalerie. Staatliche Museen Preußischer Kulturbesitz, Berliner Forum 3/69, Berlin 1969

Alfred Hentzen: Die Berliner National-Galerie im Bildersturm. Berlin 1971

Dieter Honisch: Nationalgalerie Berlin, Recklinghausen 1979.

Adolf Jannasch: Die Galerie des 20. Jahrhunderts Berlin 1945–1968, Berlin 1968

Christos Joachimides: Joseph Beuys. Richtkräfte, Nationalgalerie Berlin 1977

Ludwig Justi: Deutsche Malkunst im 19. Jahrhundert. Ein Führer durch die National-Galerie, Berlin 1920

Ludwig Justi: Die Ankäufe des Vereins „Freunde der National-Galerie", Berlin 1930

Ludwig Justi: Von Corinth bis Klee, Berlin 1931

Ludwig Justi: Von Runge bis Thoma, Berlin 1932

Ludwig Justi: Im Dienste der Kunst, Breslau 1936

Peter Krieger: Maler des Impressionismus. Bilderhefte der Staatlichen Museen, Berlin 1967

Paul Ortwin Rave: Die Malerei des 19. Jahrhunderts. 240 Bilder nach Gemälden der National-Galerie, Berlin 1945

Paul Ortwin Rave: Die Geschichte der Nationalgalerie Berlin, Berlin 1968

Karl Scheffler: Berliner Museumskrieg. Berlin 1921

Hugo von Tschudi: Gesammelte Schriften zur neueren Kunst, München 1912

Standorte der Staatlichen Museen Preußischer Kulturbesitz in Berlin:

Dahlem
Bus 1, 10, 68, U-Bahnhof Dahlem-Dorf

Eingang Lansstraße 8
Museum für Indische Kunst
Museum für Völkerkunde
Abteilung Amerikanische Archäologie, Südsee, Afrika, Südasien, Ostasien
Museum für Islamische Kunst
Museum für Ostasiatische Kunst
Skulpturengalerie mit Frühchristlich-Byzantinischer Sammlung

Eingang Arnimallee 23/27
Gemäldegalerie
Kupferstichkabinett

Im Winkel 6/8 (Ecke Archivstraße)
Museum für Deutsche Volkskunde

Tiergarten
Bus 24, 29, 48, 75, 83,
U-Bahnhof Kurfürstenstraße

Potsdamer Straße 50
Nationalgalerie

Charlottenburg (Schloß)
Bus 21, 54, 55, 62, 74, 86, 89,
U-Bahnhof Richard-Wagner-Platz

Schloß Charlottenburg, Westflügel (Langhansbau)
Museum für Vor- und Frühgeschichte

Schloß Charlottenburg, Ostflügel (Knobelsdorff-Flügel)
Kunstgewerbemuseum

Schloßstraße 70, gegenüber dem Schloß
Ägyptisches Museum

Schloßstraße 1, gegenüber dem Schloß
Antikenmuseum

Jebensstraße 2 (Nähe Bahnhof Zoo)
Kunstbibliothek mit Museum für Architektur, Modebild und Grafik-Design

Organisation: Angela Schneider